Collection Témoignages

ISBN 978-2-84594-792-4 / 01
Mama Éditions, c/o Hachette Livre, 58 rue Jean Bleuzen, 92170 Vanves

LES MORTS ONT PARFOIS BESOIN D'AIDE

Et ça nous fait du bien de les aider

Pierre HALTER

LES MORTS ONT PARFOIS BESOIN D'AIDE

Et ça nous fait du bien de les aider

MAMA ÉDITIONS

PRÉFACE

Ce livre est fait pour ceux qui doutent de la vie après la mort, et pourtant aucune preuve ne sera suffisante pour un sceptique. Ce livre est fait pour émerveiller ceux qui sont persuadés d'un au-delà, mais le ton ne tombe jamais dans le spectaculaire ni l'emphase, malgré le caractère extraordinaire des expériences décrites. Ne chercher ni à démontrer ni à épater, juste dire avec des mots simples des choses qui ne le sont pas.

J'entends dans les mots de Pierre Halter qu'il ne veut en aucun cas convaincre, mais témoigner. Il ne prouve pas, il éprouve, et dit simplement ce qu'il a vécu. Il est ce que j'appellerais bien volontiers « un vrai chercheur de vérité ». C'est-à-dire qu'il ne restreint pas son réel aux conceptions qu'il a de celui-ci, mais aime se laisser surprendre, dépasser même, quitte à avouer son incompétence à comprendre. Seuls les vrais chercheurs de vérité osent ce saut dans le vide, terriblement inconfortable pour la plupart des gens, mais grisant pour ces aventuriers en quête de sens. Il laisse de côté un instant ses propres conceptions du réel, examine les situations avec humilité et ouvre son esprit pour pouvoir laisser la vérité ineffable et indéfinissable agrandir sa réalité. Comprendre n'est pas le but: les vrais chercheurs de vérité ne sont pas là pour définir le réel, mais au contraire pour ramener de l'infini dans leurs conceptions de celui-ci!

Dans ce livre, vous lirez des témoignages incroyables, absolument extraordinaires... Et à vrai dire, en terminant l'écriture, j'en viens à me demander s'il est bien juste que les témoignages de liens entre les mondes subtils et la matière soient encore vus comme « extraordinaires » ! Je me dis que si cela sort tant de ce qui est vu comme ordinaire, c'est sans doute parce que nous ne prenons pas le temps d'écouter au-delà du voile. Pourtant, ce livre montre bien à quel point il serait libérateur pour tous, vivants et morts, de le faire.

Pierre témoigne de la pluralité de moyens qu'empruntent nos morts pour tenter de nous parler : maladies et mal-être, sons, odeurs, sensations, visions, tous les sens peuvent être touchés, ou bien ce sera une flaque d'eau, un oiseau ou un papillon, une perturbation électromagnétique, etc. Ils parlent par toutes les voies possibles, et nous n'écoutons pas leur voix. Et si tous ces morts venaient non seulement faire appel à nous pour les libérer de leur enfermement, mais aussi pour nous libérer de nos propres enfermements : ouvrir notre conception de la réalité, car le monde « d'ici-bas » et les différentes strates de mondes subtils, des plus grossières aux plus divines, peuvent être unis si notre conscience veut bien s'ouvrir à leur possibilité, voire à leur écoute. D'ailleurs, si ces âmes sont restées bloquées dans un entre-deux sans arriver à rejoindre des mondes plus lumineux, c'est bien souvent parce que leur réel contenait cet enfermement de leur vivant...

Agrandir le réel jusqu'à y faire entrer l'invisible...

« Les vivants ferment les yeux des morts, les morts ouvrent les yeux des vivants. »

Pourquoi ces témoignages font-ils du bien ? Ce sont des témoignages concrets, palpables, de mondes invisibles et des effets de ceux-ci sur nos vies. Et c'est sans doute un merveilleux moyen de faire évoluer les mentalités.

Mais pour ma part, j'ai lu cet ouvrage en étant déjà sûre d'une vie après la mort, non pas seulement à cause de conceptions philosophiques, mais aussi de ressentis intérieurs. Or, au-delà du plaisir procuré par la curiosité et l'émerveillement face à de telles expériences, l'approche de Pierre Halter m'a permis de voir sous un autre angle notre lien à tous avec les mondes des morts.

J'ai pour ma part toujours senti avec facilité des présences dans le subtil, depuis petite. Mais, comme presque tous ceux qui ressentent cela (et je sais que nous sommes très nombreux, beaucoup plus que ce que nous pourrions croire car nous n'osons témoigner tant cela est tabou), je voulais me couper de ces ressentis car j'avais très peur des mondes des morts. Quand le réel que l'on nous enseigne est défini, donc a une fin, comment accueillir ce que nous percevons et qui sort de ces limites ? L'incompréhension, l'angoisse, le déni sont en général la réaction des gens face à cela, d'autant plus en ce qui concerne le sujet si mal vu de la mort.

Pourtant, je remarque que ce n'est pas le cas dans les témoignages livrés par Pierre Halter ; ses clients accueillant la présence des morts avec soulagement et envie d'aider. On a juste agrandi un peu le réel et laissé la lumière entrer, devenant un pont entre les mondes, afin que tout le monde y gagne !

Je suis touchée de voir quel pouvoir nous avons pour apporter de l'aide. La plupart du temps, l'approche est plutôt celle-ci : « Ça ne me concerne pas, je délègue aux anges du ciel par des prières, et sors vite de là avant que ça tourne mal. » Mais l'approche de Pierre Halter est tout autre et replace l'humain au cœur du processus : en fait, nous sommes, chacun de nous, les anges messagers de la Terre ! Comme nos homologues célestes, nous pouvons faire le lien pour transmettre les messages entre les mondes et les êtres, nous pouvons guérir ce qu'il y a à guérir, pardonner ce qu'il y a à pardonner et aider à retrouver la lumière. Humblement, tout simplement, car c'est la place que l'on nous propose en nous faisant vivre une telle expérience d'entrelacement des mondes. Ces clients ne sont ni des saints ni de grands yogis très sages, ce sont des gens simples qui doutent, comme n'importe quel mortel. Et c'est d'autant plus beau que les mortels guident les morts, car tout à coup, par cet accompagnement, les deux retrouvent la voie, les deux apprennent à mourir, les deux en sortent grandis...

Je suis sûre que si nous sortions un peu du tabou qu'est la mort, que nous laissions de côté nos croyances et ce qu'il est bon de voir et de ne pas voir, presque tout le monde avouerait avoir vécu au moins une fois dans sa vie une expérience qui lui a fait sentir d'autres mondes que la réalité physique. Que ce soit par des présences venues d'un au-delà, par des morts bien-aimés qui viennent nous soutenir dans nos deuils, des synchronicités ou des signes, de fragiles sentiments indéfinissables d'un ailleurs qui s'invite ou de grandes grâces massives qui relient Terre et Cieux... Le doute fait taire ces expériences, et nombreux sont ceux qui renient même les avoir vécues, de peur que leurs conceptions du réel ne soient trop mises à mal, ou de peur qu'on les croie fous. Pourtant, c'est là, j'en suis sûre, dans toutes les vies humaines, car l'humain est bien l'ange de la Terre, et ces expériences sont le rappel de notre rôle.

Certains hommes et femmes sont plus que d'autres appelés et n'arriveront pas à garder la porte fermée tant cela tambourine. Ceux-là sont les éclaireurs, les bâtisseurs de ponts reliant les mondes. Pierre Halter en fait partie. Je l'ai vu dès notre première rencontre, plus encore que son nez au milieu de sa figure. Dans son cœur luisent depuis toujours les souvenirs, bien qu'effacés, d'un ailleurs céleste qui l'appelle comme la patrie appelle le voyageur en mal de son pays.

J'en connais beaucoup qui ressentent ce douloureux appel de notre Source. Nous pourrions même languir de mourir pour y retourner, quand le manque est trop fort... Cet appel n'est pas fait pour nous demander de terminer le voyage et de rentrer au bercail, mais pour nous dire :

« Relie ! Dans tes pieds, dans tes actes, dans tes paroles, dans tes relations, dans tout ce que tu es, relie, relie les mondes ! Aide à construire le pont qui fera que Terre et Cieux seront un, mondes matériel et spirituel réunis... »

Ce livre, tout en humilité, est une pierre offerte à cet édifice, une pierre taillée avec passion durant presque toute une vie, pour répondre à cet appel de la patrie qui tambourine à la porte de son cœur.

J'espère qu'un jour, les histoires qui y sont décrites ne seront plus extraordinaires et qu'il sera évident que la mort s'accompagne, comme on accompagne la naissance, pour que nos morts bien-aimés puissent renaître dans la lumière, libres.

Et le jour où il sera ordinaire de faire cela, sans peur ni tabou, les morts ne resteront plus coincés : la mort doit être libérée de la peur de la mort. Elle a tant à nous apprendre, il nous faut la regarder pour de vrai !

Emma Mira[1]

---

1. Emma Mira a publié un très beau livre, *La petite fille qui fit mourir la mort*, Mama Éditions, 2023.

Aux membres de ma famille,
Aux amies et amis,
Qui, depuis l'au-delà,
Me guident et m'épaulent
Dans mon cheminement.

INTRODUCTION

Nous vivons une période où le sujet de la mort et de l'au-delà commence à prendre une place importante, dans les librairies et dans les médias.

Le sujet a commencé à avoir une audience auprès du public avec la publication du livre du Dr Raymond Moody, *La Vie après la vie*, en 1978[1]. Ce livre a fait connaître au grand public les premiers témoignages d'expériences de mort imminente (EMI). Témoignages d'une persistance de la conscience après la mort et d'une ouverture de la conscience dans une autre dimension.

Elisabeth Kübler-Ross faisait à l'époque, depuis de nombreuses années, un travail de pionnière dans l'accompagnement des personnes en fin de vie. C'est elle qui avait écrit un avant-propos pour le livre de Raymond Moody. Les témoignages transmis ici recoupent de façon remarquable ses propres recherches, fondées elles aussi sur les récits de malades, « revenus » à la vie après une mort clinique.

Elisabeth Kübler-Ross a partagé ses expériences et ses constats en les publiant dans de nombreux ouvrages,

1. *Life after Life*, Mockingbird Book Inc., 1975. Traduction française de Robert Misraki : *La Vie après la vie, enquête à propos d'un phénomène. La survie de la conscience après la mort du corps*, Robert Laffont, 1978.

jusque dans les dernières années de sa vie, jusqu'à sa mort en 2004. Le livre qui m'a le plus touché est *La Mort est un nouveau soleil*[2], dans lequel elle se livre de manière très intime et se permet de divulguer la rencontre qu'elle a vécue avec une femme décédée depuis plusieurs mois. Elisabeth Kübler-Ross a eu le courage de s'imposer, malgré de nombreuses difficultés, entre autres la diffamation, comme elle le relate dans son livre.

De très nombreux écrits rapportant des expériences d'EMI ont été publiés depuis, et ces témoignages sont d'une très grande importance. Ils permettent entre autres d'apercevoir l'au-delà et de prendre conscience de sa réalité, de même que celle de la continuité de la conscience dans l'au-delà.

Le témoignage qui a incité le Dr Moody à mettre en route ses recherches est celui de George Ritchie, écrit avec Elizabeth Sherrill, *Retour de l'au-delà*[3], publié après celui de Raymond Moody. Il s'agit, parmi toutes mes lectures, de l'un des témoignages les plus complets. George Ritchie transmet sa très grande expérience, en « visitant » divers niveaux de l'au-delà : celui des suicidés, celui des personnes addictives entre autres à l'alcool, ainsi que d'autres plans plus évolués. En lisant ce livre, j'ai pensé que Dante avait bien dû faire une ou des EMI pour écrire *La Divine Comédie*. George Ritchie décrit très bien les bienfaits ainsi que les difficultés que cette expérience lui a procurés. Il explique l'avoir vécue accompagné par un

---

2. Elisabeth Kübler-Ross, *La mort est un nouveau soleil*, éditions du Rocher, 1988.

3. George Ritchie et Elizabeth Sherrill, *Retour de l'au-delà*, Robert Laffont, 1986.

être de lumière qui, pour lui, était Jésus. Je suis persuadé que George Ritchie, d'éducation chrétienne, aurait fait ce voyage accompagné d'Allah s'il avait été musulman, ou de Bouddha s'il avait été bouddhiste !

Contrairement à lui, la majorité des expérienceurs (comme cela se dit des personnes ayant vécu une EMI) témoignent d'un plan « paradisiaque » et ne « visitent » pas d'autres plans. Quelques témoignages font référence à des EMI « terrifiantes » – il s'agit, selon Raymond Moody, de 1 à 2 % des cas.

Un autre livre publié en 2013 est important : *La Preuve du Paradis*[4], témoignage d'un neurochirurgien, le Dr Eben Alexander. En quatrième de couverture, Raymond Moody s'exprime ainsi : « L'expérience de mort imminente du Dr Eben Alexander est l'histoire la plus fantastique que j'aie entendue depuis quarante ans que j'étudie ce phénomène. Cet homme est la preuve vivante de l'existence de l'après-vie. »

En 2022, le Dr Christophe Fauré publie un ouvrage très documenté : *Cette vie... et au-delà*[5]. Cet ouvrage essentiel répertorie les différentes expériences vécues en relation avec la mort : les expériences de morts imminentes (EMI) – *Near-Death Experience* (NDE) en anglais –, les expériences de fin de vie (EFV) – *End-of-Life Experience* (ELE) en anglais –, ainsi que les vécus subjectifs de contacts avec un défunt (VSCD) – *After-Death Communications* en anglais.

4. Eben Alexander, *La Preuve du Paradis. Voyage d'un neurochirurgien dans l'après-vie*, Guy Trédaniel, 2013.

5. Christophe Fauré, *Cette vie... et au-delà. Enquête sur la continuité de la conscience après la mort*, Albin Michel, 2022.

Les EFV consistent, pour des personnes en fin de vie, à voir, au pied de leur lit, des proches décédés venir les accueillir.

Les VSCD témoignent de l'apparition de proches décédés, dans la période qui suit leur mort.

Le livre du Dr Fauré est essentiel, car, d'une part, il répertorie les recherches importantes faites depuis de nombreuses années, particulièrement aux États-Unis, et d'autre part, il mentionne et analyse les objections sur la validité des diverses expériences. Il laisse aussi une place aux témoignages de souvenirs de vies antérieures.

Dès que l'on prend conscience d'une vie après la vie, il faut aussi envisager la vie avant la vie, donc envisager la possibilité de la réincarnation.

Le livre le plus complet sur les EMI est, à ma connaissance, celui du Dr Pim van Lommel, *Mort ou pas*[6], préfacé par le Dr Jean-Jacques Charbonier, autre grand chercheur.

Pour Raymond Moody, le livre du Dr van Lommel constitue un panorama, informé et définitif, de toutes les EMI. Ses découvertes nous permettent d'aborder avec tous les outils de la rationalité, le mystère humain le plus insondable: celui de la vie après la vie[7].

Sur notre Terre, la mort est l'expérience ultime de chacun d'entre nous. Notre première expérience majeure est la naissance et, à l'autre bout de la vie, c'est la naissance dans l'au-delà.

---

6. Pim van Lommel, *Mort ou pas? Les dernières découvertes médicales sur les EMI*, InterEditions, 2011.

7. Quatrième de couverture du livre *Mort ou pas?*, *op. cit.*

Lire ou entendre des témoignages de personnes ayant vécu une EMI, c'est très beau. Ces personnes, dans la grande majorité des cas, reviennent parmi nous enrichies spirituellement et n'ont plus peur de la mort. Elles auraient bien voulu rester de l'autre côté du voile, dans la lumière, mais elles ont bien compris que ce n'était pas le moment pour elles, qu'elles avaient encore des choses à terminer sur Terre.

Pour toutes les personnes qui décèdent et qui ne doivent pas « rebrousser chemin », là, nous n'avons pas de témoignages aussi directs que ceux communiqués par les expérienceurs d'EMI.

Nous disposons de nombreux récits de transmissions, par médiums interposés, de personnes décédées qui ont bien trouvé la lumière, et qui témoignent de ce qu'elles « vivent » dans l'au-delà. Tous ces témoignages sont précieux et nous permettent de comprendre que la vie dans l'au-delà est très riche, variée, multiple et infinie. Ce sont toujours des expériences très personnelles, qui mettent en évidence la connaissance très partielle que nous avons de la vie après la vie.

Parmi les constats ou témoignages concernant des personnes décédées, il existe un type de phénomène pour lequel il n'y a que très peu d'indications. Il concerne les personnes décédées qui ne peuvent pas ou n'ont pas encore pu traverser le voile et atteindre la lumière. Le phénomène vécu par ces personnes est le sujet central de ce livre.

De tout temps, il a existé des contes sur les esprits, les fantômes, les spectres, les revenants, les âmes errantes et les trépassés. Je citerais comme référence, parmi d'autres, l'ouvrage *La Légende de la mort*, récits poétiques et surréalistes collectés par Anatole Le Braz à la fin du XIXe siècle[8].

Des anthropologues ont également mené des recherches passionnantes. Parmi des articles relativement récents, je conseillerais : « La vie des morts dans le regard des anthropologues » de Marc-Antoine Berthod[9].

Par ailleurs, il existe encore un film qui, à mon sens, présente très bien la situation de personnes décédées qui ne savent pas où aller, c'est *Les Autres*, d'Alejandro Amenabár (2001), avec Nicole Kidman. Ce film a été nommé aux BAFTA[10] dans la catégorie du Meilleur Scénario original.

Les nombreux livres, articles ou émissions traitant des EMI, des EFV et des VSCD ont tous un point commun : ce sont des transmissions de témoignages d'expériences vécues par des personnes.

Il en va de même pour les personnes décédées encore présentes : seuls les témoignages peuvent nous permettre d'avancer dans notre connaissance de l'invisible, mais ils sont nettement moins courants. Avec ces témoignages, on entrouvre légèrement une fenêtre vers le monde de l'invisible.

Depuis 1985, à travers mon activité de géobiologiste, j'ai été confronté à un certain nombre de situations où des personnes décédées étaient présentes dans un lieu.

---

8. Anatole Le Braz, *La Légende de la mort*, Au Bord des Continents, 2013.

9. Marc-Antoine Berthod, « La vie des morts dans le regard des anthropologues », *in Anthropos* n° 100, vol. 2, 2005, p. 521-536 : https://mort-anthropologie.com/la-vie-des-morts-dans-le-regard-des-anthropologues/

10. British Academy Films Awards. Cités comme l'équivalent des Oscars du cinéma américain, ou des César du cinéma français.

Je me propose, dans cet ouvrage, de transmettre les témoignages d'expériences vécues et d'expliquer comment les personnes concernées par ces présences ont pu les aider à trouver la lumière.

Présentation des chapitres

Présentation très succincte de la géobiologie

C'est à travers les interventions faites en géobiologie que j'ai réalisé nombre de constats concernant des personnes décédées encore présentes dans des lieux. Je commence cet ouvrage par une présentation simple de la géobiologie.

Mon chemin de vie ou autobiographie partielle

Ma sensibilité face aux situations des personnes encore présentes est fort probablement liée à mon chemin de vie. En écrivant ce chapitre, j'ai été surpris par la présence de personnes décédées dans mon parcours et par mon intérêt pour les relations entre le monde des vivants et le monde des morts sur le plan de l'invisible.

La nécropole de Peyraube, une compréhension subtile du rôle de ce site d'accompagnement après la mort

Ce chapitre est un développement de mon chemin de vie. Peyraube est un haut lieu très ancien. À cet emplacement, le voile qui sépare le monde visible du monde invisible est très fin. L'enseignement reçu dans ce lieu a été pour moi d'une valeur inestimable.
Ce lieu est, selon ce que j'ai compris, un témoignage important de la compréhension qu'avaient nos lointains ancêtres de l'accompagnement des personnes sur le chemin vers la lumière, après leur décès.

Transmissions de situations vécues

La raison essentielle de ce livre est de communiquer et de transmettre des situations vécues. Si un lecteur se retrouve parmi les cas décrits, je peux assurer qu'aucune relation n'est le fait du hasard. C'est peut-être bien son histoire que je décris, de manière anonyme, sans citer ni les noms ni les lieux. Que ces personnes soient ici remerciées pour leur participation involontaire à ce partage de témoignages.

C'est grâce aux personnes qui m'ont fait confiance, en me demandant d'analyser leurs lieux de vie, que j'ai pu avancer et mettre en évidence ce que je peux transmettre actuellement.

Passage direct de l'enfer au paradis

Il s'agit d'une situation vécue. Elle est tellement exceptionnelle que je lui consacre un chapitre entier. Je n'aurais jamais pensé pouvoir être témoin d'un tel événement.

Cette transmission est publiée avec l'accord de mon amie Christine.

Témoignages transmis directement par les personnes concernées

Deux expériences, très différentes, écrites par les personnes qui les ont vécues.

PRÉSENTATION TRÈS SUCCINCTE DE LA GÉOBIOLOGIE

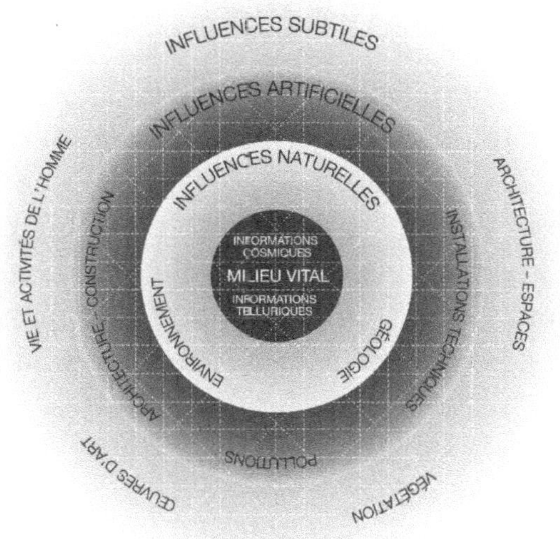

Concept du milieu vital et de ses facteurs d'influences[1]

La géobiologie est l'étude de la qualité du milieu vital dans lequel nous vivons, milieu qui a permis à la vie de se développer depuis ses origines. La qualité de ce milieu

1. Dessin provenant du livre de René Biget, Pierre Halter, Muriel Morel et Violette Niquet, *L'Influence du lieu sur tout ce qui vit*, Institut de recherches en géobiologie, Lausanne, 2005.

est engendrée par l'échange des informations telluriques et cosmiques. Toute forme de vie a besoin que ce milieu soit le plus pur possible, donc exempt d'influences créant une perturbation qui provoquerait une rupture dans l'échange cosmo-tellurique.

En cas de perturbation constatée, il s'agit de comprendre quelle en est l'origine et comment y remédier en travaillant le plus possible sur la cause de cette perturbation.

La qualité du milieu vital peut être influencée par de nombreux facteurs, classés en trois grandes familles :

- *les influences naturelles :* l'orientation du lieu étudié, sa topographie (plaine, vallée, coteau, etc.) ; l'environnement (arborisé ou non, cultivé, construit, rural, industriel, etc.) ; la géologie (nature des roches, homogénéité des roches et de leur constitution, présence et mouvement d'eau souterraine, présence de minerais, etc.) ;
- *les influences artificielles :* la construction, dans les aspects liés aux matériaux, aux tensions dans les structures et aux installations techniques ; les phénomènes électromagnétiques, qu'ils soient en relation avec la construction, l'aménagement, ou avec des causes externes à la construction (lignes à haute tension, transformateurs, émetteurs radio, TV, téléphones, etc.) ; les pollutions (de sols ou de matériaux) ;
- *les influences subtiles :* l'architecture (proportions des espaces, couleurs, lumière, etc.) ; la végétation (plantes vertes à l'intérieur, les arbres et

leurs essences à l'extérieur) ; la vie et les activités de l'humain sur le lieu étudié ; ainsi que les **relations éventuelles entre le lieu et des personnes décédées, qui n'ont pas encore trouvé le chemin de la lumière**.

Certaines perturbations peuvent être la résultante de plusieurs phénomènes mineurs en eux-mêmes mais qui, par interactions, provoquent des phénomènes majeurs. Deux causes mises en commun peuvent créer une perturbation, alors que, prises séparément, ni l'une ni l'autre ne gênerait.

Si divers facteurs d'influence peuvent créer des perturbations, bon nombre peuvent aussi améliorer considérablement la qualité du milieu vital, par exemple ceux liés aux proportions des espaces construits.

La qualité du milieu vital n'est pas une notion abstraite, passive, il s'agit d'une énergie de vie dans laquelle nous baignons, elle est en mouvement et circule dans l'espace qui nous environne. Cette énergie correspond à la notion de *qi*[2] dans la tradition chinoise.

La détection de la qualité du milieu vital est de nature sensorielle : cette qualité ne peut être mesurée avec des appareils. La détection sensorielle fait appel à une perception que chacun possède à l'état de potentiel, plus ou moins important. Avant de pouvoir utiliser cette perception comme moyen de détection, il faut, comme pour nos autres sens, s'entraîner, s'étalonner et développer

2. Le *qi*, le souffle vital, imprégnant les êtres comme les choses, occupe une place centrale dans la pensée chinoise.

les réflexes permettant le maniement des divers instruments utilisés (lobes antennes, baguettes dites « de sourcier », etc.).

Si les analyses réalisées sur mandat ont occupé la majorité de mon activité professionnelle durant vingt-cinq ans, mon intérêt personnel se porte avant tout sur la compréhension des phénomènes constatés et sur la transmission d'une prise de conscience de la relation de l'homme avec le milieu dans lequel il vit. Comme ce travail est principalement empirique, les analyses quotidiennes offrent un laboratoire de recherche indispensable.

Concernant les situations où des désincarnés sont ressentis, un aspect m'a toujours surpris: certaines de mes collègues géobiologistes, avec lesquelles j'échangeais régulièrement, pouvaient, elles, conduire l'analyse géobiologique sans être particulièrement gênées par ces présences, quitte à en parler, dans certains cas, seulement après la fin de l'analyse.

De mon côté, je constatais ce « facteur d'influence » sans pouvoir poursuivre l'analyse. C'était un peu comme si on m'avait demandé de décrire un panorama depuis un point de vue alors plongé dans le brouillard!

J'étais obligé d'en parler à mes clients et de chercher avec eux qui était en cause dans ce phénomène; c'est-à-dire repérer la ou les personnes décédées qui, en quelque sorte, « demandaient de l'aide ». Ce n'est qu'une fois cette recherche réalisée, la ou les personnes décédées étant reconnues, et après avoir envisagé un engagement d'aide, que je pouvais reprendre mon travail.

Je publie dans cet ouvrage une autobiographie partielle qui met en évidence la présence très particulière de la mort sur mon chemin de vie. Cela m'a aidé à comprendre et à admettre mon étonnante sensibilité à ces phénomènes.

MON CHEMIN DE VIE
OU AUTOBIOGRAPHIE PARTIELLE

L'intérêt d'arriver au quatrième âge, c'est que l'on commence à avoir du recul sur son vécu. J'ai trouvé qu'il était intéressant de tenter l'expérience d'écrire une partie de ma biographie en prenant comme « fil rouge » les moments où mon chemin a croisé celui de la mort, puisque c'est le sujet de ce livre.

Après cette expérience, j'ai été assez surpris de constater que j'avais en quelque sorte suivi un chemin qui était peut-être déjà programmé, mais inconnu de moi, du moins de manière consciente. Il est possible que l'éventualité d'une connaissance inconsciente de mon propre chemin de vie m'ait permis de ne pas rater trop de carrefours qui se sont présentés à moi. Parfois, « la vie » m'a bien aidé à voir certains carrefours.

Je suis né au tout début du printemps 1945, six semaines avant l'armistice, dans une petite ville de la partie alémanique de la Suisse, proche de la frontière allemande.

Une semaine avant la fin du printemps de 1946, mon père meurt, à la suite d'une maladie qui a débuté environ une année avant son décès. Ma mère se retrouve veuve avec trois enfants en bas âge, dans une grande maison faisant office de cabinet médical et d'habitation. Ces moments ont certainement été très difficiles pour elle. C'est avec l'aide de ses parents et beaux-parents que le cabinet médical a été remis à un successeur et que la maison a été vendue. Ma mère a pu alors rentrer en Suisse romande et se rapprocher de ses parents.

Autant dire que j'ai été confronté à la mort et à ses conséquences très tôt.

Durant toute mon enfance et mon adolescence, j'ai fait un rêve récurrent : une vision nocturne d'une rue pavée, traversée en son milieu par des rails de tram luisants, un léger brouillard créant un halo lumineux autour des rares lampadaires.

Ce n'est qu'en voyant, à la fin de l'adolescence, des films d'avant-guerre de Fritz Lang que j'ai compris que ce rêve avait une relation avec l'Allemagne de cette époque.

Adulte, à travers un rêve éveillé, j'ai compris mon rapport avec l'Allemagne : j'ai revécu une scène dans laquelle je me retrouvais face à un peloton d'exécution, dos à une fosse commune où, après le tir, j'ai basculé, encore conscient. Puis la fosse était remblayée avec toutes sortes de matériaux qui, petit à petit, me cachèrent la vue du ciel et m'ensevelirent. Je me souviens même de la période : l'été 1937. J'étais, selon ce que j'ai compris, un opposant au régime nazi.

Cet épisode d'une vie antérieure explique probablement mon aversion importante pour la langue allemande à l'école !

Désolé, ce chapitre ne commence pas de manière très joyeuse, mais je partage ce qui, je pense, a favorisé ma sensibilité à la mort et aux phénomènes qui l'accompagnent, notamment la communication entre le monde des vivants et celui de l'au-delà, qu'il s'agisse de la « vie » avant notre naissance ou après notre décès.

Jeune adulte, j'ai lu toute une série de livres de la collection « Les énigmes de l'Univers », chez Robert Laffont. C'est cet éditeur qui, en 1978, a publié le livre de Raymond Moody, *La Vie après la vie*[1]. Faut-il rappeler ici le contenu de cet ouvrage ? Il s'agit de la transmission de témoignages d'expériences de mort imminente (EMI). Cet ouvrage a apporté bien des confirmations sur ce qui, pour moi, était une évidence : la vie continue sous une autre forme après la mort.

Une période de lecture importante a suivi, avec entre autres *Le Bardo Thödol. Le Livre des morts tibétains*[2]. Cet ouvrage m'a aidé à comprendre qu'il existait des cultures où les morts étaient accompagnés après leur décès.

Durant la période de 1975 à 1982, et pour ce qui concerne notre relation avec les personnes décédées, j'ai traversé une période de formation préalable – par le vécu, si je peux dire !

Mon épouse et moi avions acheté une très ancienne maison en Cévennes. Depuis, nous avions entrepris d'y remettre de la vie en la restaurant pendant toutes nos vacances en famille. Très couramment, la nuit, je faisais là-bas des rêves qui étaient inexistants ailleurs. Par exemple, je rêvais que je démolissais un mur et que je trouvais un squelette et toutes sortes de péripéties de ce genre. Ce n'est qu'au bout de plusieurs années que je compris ce qui se passait dans cette maison.

En 1982, une amie, Suzon, tombe gravement malade. À la suite de crises d'épilepsie, elle est prise en charge pour

1. Raymond Moody, *La Vie après la vie, op. cit.*

2. Lama Kazi Dawa Samdup, *Bardo Tödol, Le Livre des morts tibétain. Les expériences d'après la mort dans le plan du Bardo*, Librairie d'Amérique et d'Orient, Adrien Maisonneuve, 1977.

des examens, qui aboutissent au constat qu'elle souffre d'une tumeur au cerveau. La décision de l'opérer est prise. Les chirurgiens procèdent à une trépanation pour examiner de visu cette tumeur.

Après l'opération, une fois Suzon sortie de la narcose, le chirurgien vient la trouver pour lui donner des nouvelles, et il tourne un peu autour du pot. Suzon intervient et lui dit: « Pas besoin de prendre des gants, je sais que j'ai une tumeur en araignée inopérable et que cette tumeur me laisse une rémission de quelques mois. » Le chirurgien est interloqué et lui demande: « Qui donc vous en a déjà parlé ? » Réponse directe de Suzon: « Personne. C'est vous qui en avez parlé avec l'équipe chirurgicale durant l'opération. » Le chirurgien exprime son grand étonnement, il est sceptique, et Suzon lui apporte une autre information: « Si je vous dis que vous avez écouté *Les Quatre Saisons* de Vivaldi, durant l'opération, cela vous donne confiance ? » À ce moment-là, le chirurgien est obligé de constater que, le crâne ouvert, en narcose profonde, sa patiente avait été totalement consciente.

Après quelque temps, Suzon rentre à la maison pour vivre en famille dans les meilleures conditions possible, avec son mari, ses deux garçons et ses jumelles âgées d'environ quatre ans.

Apprenant cela, je me remémore une discussion que j'ai eue avec Violette Niquet qui, depuis quatre ou cinq ans, effectuait un travail de géobiologiste, accompagnée par Blanche Merz[3]. Notre discussion portait sur la

3. Blanche Merz avait en 1968 fondé l'Institut de recherches en géobiologie, situé chez elle à Chardonne.

relation entre les lieux et la santé, phénomène qui passionnait Violette Niquet. Ce qu'elle m'expliqua alors me paraissait parfaitement logique et ne me surprenait pas. Mais à ce moment-là, je ne me sentais pas du tout concerné.

Un lien m'est apparu entre ce que vivait Suzon et cette discussion : une analyse de géobiologie de sa maison ne serait-elle pas judicieuse, pour s'assurer qu'elle est dans l'endroit le plus approprié possible pour les quelques mois suivants ?

J'en fais la proposition à Suzon et à son mari. Ils approuvent et Violette Niquet effectue cette analyse à laquelle j'assiste. Il s'avère qu'il y avait une perturbation importante dans leur chambre à coucher. Par la suite, Suzon fut installée dans une pièce du rez-de-chaussée, une chambre possédant une qualité énergétique tout à fait correcte.

Cet événement m'a beaucoup « secoué » et, brusquement, la géobiologie a pris une autre dimension. Avec le recul, j'ai compris que la perturbation présente dans la chambre avait une relation avec la maladie de Suzon et qu'elle était certainement un cofacteur du développement de sa tumeur.

Ce fut une période charnière de ma vie. Je peux dire que c'est la maladie, puis le décès de cette amie qui m'a fait prendre conscience, à travers le vécu, de l'importance de la qualité des lieux.

C'est à la suite du décès de Suzon que je me suis intéressé à la géobiologie. Je me suis formé avec Violette Niquet et Blanche Merz, puis j'ai effectué une transition en douceur entre mon travail dans un bureau d'architecte et ce qui est devenu mon nouveau « métier » : géobiologiste. Sans entrer dans le détail de mon parcours dans les ateliers d'architectes, j'ai aussi été responsable, parmi bien d'autres projets, du projet d'agrandissement d'un cimetière et de la création d'un columbarium. Une petite relation avec le fil rouge de ce chapitre !

C'est lors de cette formation, par la pratique, avec Violette Niquet, que j'ai pris conscience qu'un lieu peut être perturbé par des personnes décédées qui ont de la difficulté à lâcher prise sur leur vie physique.

Dès ce moment, j'ai compris la raison des difficultés que je rencontrais au Peyrier en Cévennes. J'ai retrouvé des indications de ce lieu-dit datant du XVIe siècle et identifié de nombreuses périodes de fortes tensions sur cinq siècles. Beaucoup de personnes ont vécu et sont décédées dans cet endroit. Il semble que plusieurs personnes décédées devaient avoir gardé un lien, non dénoué, avec ce lieu. Connaissant bien la famille qui m'avait vendu la maison, j'ai pu en dresser la généalogie et comprendre pour quelles personnes il fallait entreprendre une démarche d'aide.

S'ensuivit toute une période que je comprends, avec le recul, comme une formation pour les personnes décédées encore ressenties dans divers lieux.

Si je développe un peu les événements de cette période, c'est parce que le dénouement ouvre sur un aspect complémentaire.

La première nuit de chaque séjour au Peyrier, je faisais un rêve en relation avec la mort. Le lendemain, je travaillais un moment en radiesthésie pour savoir quelle personne accepterait une aide de notre part. Pendant un moment, chaque soir, durant quelques jours, mon épouse Monique et moi avons parlé à haute voix à ces personnes. Après cela, le séjour se terminait dans le calme, sans rêves particuliers.

Aux séjours suivants, le scénario s'est reproduit de manière assez semblable, mais pour d'autres personnes. Et cela durant de nombreux séjours !

À un moment, je n'ai plus trouvé de relation avec d'anciens occupants. J'avais l'impression bizarre que je faisais un appel pour toute la vallée ! Nous avons ainsi continué à apporter de l'aide à des désincarnés qui « frappaient à notre porte ».

Je savais que, comme de nombreuses familles de Suisse romande, nous avions des origines, du côté de ma mère, dans cette région de France. Entre 1598 et 1685, un nombre considérable de huguenots français se sont exilés vers les pays protestants. Je connaissais même le nom de cette branche de la famille, les Ausset. J'en ai parlé à un ami des Cévennes, historien par passion, qui m'a dit que ce nom lui rappelait un document et qu'il allait le rechercher à la bibliothèque de Montpellier, lors de sa prochaine visite. Cet ami est revenu vers moi à mon séjour suivant, avec un fascicule racontant l'histoire de cette famille, depuis l'exode de Jean Ausset de Saumane en 1686 jusque dans les années 1920. La généalogie publiée m'a permis de faire le lien avec les documents que je possédais déjà. Je dispose ainsi d'un arbre généalogique complet, depuis l'exode de Jean Ausset jusqu'à ma génération – soit douze générations. En Suisse, cette famille Ausset s'est éteinte avec deux sœurs, qui avaient épousé deux frères. Elles sont décédées, l'une en 1889 et l'autre en 1913. Elles étaient de la génération précédant celle de mes arrière-grands-parents.

Ce qui a été surprenant pour moi, c'est d'apprendre que cette branche de la famille venait du village de Saumane, situé à environ 10 kilomètres à vol d'oiseau de notre maison !

J'ai pensé que c'étaient des ancêtres qui venaient « frapper à notre porte » en Cévennes et que nous allions pouvoir les aider.

Une recherche sur cette généalogie ne m'a pas permis de trouver une personne pour qui il aurait été souhaitable de faire un travail d'aide. Mais, et j'en ai été très surpris et ravi, depuis ce moment-là, je n'ai plus fait de rêves dans lesquels des morts étaient en cause. Comme si, en mettant en évidence cette filiation « cévenole », j'avais pris un relais, en reconnaissant une part de mes racines.

Ce sont les grands mystères de ce qui transcende le temps et les lieux : les liens invisibles de l'au-delà qui tissent un grand réseau nous reliant tous.

Je pense que c'est à partir de ce moment que j'ai fini ma formation de base concernant l'aide à apporter aux personnes désincarnées ressenties dans les lieux. C'est au même moment que j'ai commencé à travailler en géobiologie, professionnellement. Après cette période, et durant un quart de siècle, j'ai fait beaucoup d'analyses en géobiologie, dans toutes sortes de domaines : habitations, bureaux, industries, caves de vignerons, écuries et terrains, et donné des conseils lors de projets de constructions ou de transformations.

Une analyse en particulier m'a beaucoup touché. C'était avant les travaux de réhabilitation d'un ancien

EMS (Ehpad pour les Français) en une unité pilote de soins palliatifs. Une très belle collaboration s'est établie avec les deux personnes dirigeant cet établissement. J'ai pu les conseiller et proposer de déplacer la crypte dans une zone plus appropriée et de la créer dans des proportions adéquates. Cette crypte possède une sortie donnant directement sur un espace vert bien aménagé.

Pour un nombre assez considérable d'analyses que j'ai effectuées, j'ai mis en évidence une gêne ressentie comme venant de personnes décédées ayant gardé une relation avec le monde palpable. Pour pouvoir résoudre cette gêne, j'ai commencé à donner des conseils permettant d'aider ces personnes à trouver la lumière.

Un carrefour de vie, ou l'aide apportée par l'invisible

En 1985, je travaillais depuis quinze ans dans un atelier d'architectes. J'y étais bien à l'aise, avec des projets et des réalisations passionnantes. La géobiologie me passionnait, découvrir ces aspects invisibles de notre environnement était pour moi une aventure. En accord avec les architectes avec lesquels je travaillais, je me libérais de l'atelier pour deux ou trois demi-journées afin de réaliser des analyses de géobiologie.

Assez rapidement, les demandes d'analyses se sont multipliées et le délai pour y répondre a atteint deux mois. Je devais envisager de faire un choix professionnel entre l'atelier d'architectes et la géobiologie, un choix très difficile. C'est alors que j'ai vu comment la vie peut nous aider.

Blanche Merz avait donné mon adresse à un homme qui désirait une analyse, en France, près de Genève. Il s'agissait d'un curé qui avait quitté le clergé pour se marier, personnage avec lequel j'ai eu un très bon contact. Je réalise l'analyse, donne les conseils pour pallier un problème lié au terrain, puis nous nous disons au revoir. Il m'accompagne à la porte et la referme derrière moi. Le temps que je fasse trois pas, il la rouvre et me dit, tel Colombo dans la vieille série éponyme: « Monsieur, vous direz à Blanche Merz qu'il faut absolument que vous continuiez ce travail. » Je lui assure que je transmettrai et continue mon chemin. Sur la route, je comprends bien que ce message ne concerne pas Blanche Merz, mais s'adresse à moi et que c'est en quelque sorte une réponse à mon questionnement du moment.

J'ai revu cet homme deux ou trois ans plus tard, à la suite d'un changement de ressenti dans sa maison. Je lui ai alors dit que ce qu'il m'avait communiqué lors de mon précédent départ m'avait beaucoup aidé. Je l'avais pris comme un message de l'invisible ! Or lui ne se rappelait absolument pas cet épisode ! Il devait avoir servi de porte-parole ! Pour un ancien curé, il était bien placé.

Il m'a fallu un grand temps de réflexion avant de prendre la décision de modifier le cours de ma vie et, par conséquent, celle de ma famille ! La vie m'a offert ce temps sous la forme de six semaines d'arrêt de travail, à cause d'une grosse sciatique qui m'a cloué au lit - j'ai pu ensuite me déplacer à quatre pattes, puis reprendre une position de bipède !

À l'issue de cet épisode, ma décision était prise. Je ne me voyais pas assumer les deux rôles, j'allais me consacrer à 100 % à la géobiologie. Je l'ai annoncé aux deux architectes pour qui je travaillais, et leur réaction a été immédiate et ferme: « Impossible, tu ne peux pas partir ainsi, ni pour toi ni pour nous. Nous te proposons de te libérer du gros de ton travail, le projet du conservatoire de musique de Lausanne. Moyennant cela, tu nous garantis de consacrer le temps qu'il faut pour terminer le chantier dont tu es responsable : la réhabilitation de l'amphithéâtre romain d'Avenches. Nous te garantissons du travail, selon tes disponibilités, même à plein temps si tu n'as pas assez de travail en géobiologie. » Quel cadeau du ciel ! Je remercie encore Jacques Lonchamp et René Froidevaux de cette attitude remarquable – ils sont depuis décédés tous les deux. Avec ce geste, parmi d'autres, ils ont marqué des points pour leur accès au paradis !

Grâce à ce cadeau, le changement de direction de ma vie s'est réalisé en douceur. J'ai pu entreprendre ma « carrière » de géobiologiste sans aucune crainte quant à un éventuel manque de travail, ce qui ne m'est d'ailleurs jamais arrivé.

Je ne développerai pas la période qui va de 1985 jusqu'à l'arrêt de mon activité à plein temps en 2010, mais je présenterai juste un aspect que je trouve passionnant. Dans ma pratique professionnelle, j'ai trouvé fabuleux de voir comment les découvertes, les connaissances, les situations plus ou moins compliquées s'enchaînaient dans un ordre qui m'a toujours paru « organisé », comme si je suivais un cursus de cours bien préparé. Dans ce métier, je n'ai jamais choisi les situations que j'avais à comprendre, elles se présentaient. Apparaissaient un certain nombre de cas d'une nature particulière, puis, une fois le sujet maîtrisé, d'autre cas survenaient, un peu plus complexes, et ainsi de suite. Et très souvent avec une synchronicité incroyable.

J'avais l'impression d'être sur des rails et que les aiguillages se réglaient pour que je continue mon chemin, comme s'il était programmé.

Si mon chemin de vie a débuté très tôt avec le décès de mon père, il a été parsemé de bien des décès de personnes proches, amis et famille, mais celui qui a été le déclencheur pour l'écriture de ce livre a été celui de notre fille, juste avant Noël 2021. Elle m'aura donné l'intuition d'entreprendre ce que je n'avais jamais prévu auparavant. Qu'elle soit ici remerciée pour ce qu'elle m'a apporté.

La nécropole de Peyraube, une compréhension subtile du rôle de ce site d'accompagnement après la mort

Ce site se trouve en Cévennes, région qui avait vu fuir nos ancêtres il y a trois siècles, pour cause de guerre de religion.

La nécropole de Peyraube se situe sur les hauteurs de la rive gauche de la vallée du Galeizon[1], vallée dans laquelle nous avons, mon épouse et moi, une maison depuis près de cinquante ans... Le sommet de la crête de la rive gauche de cette vallée se nomme la montagne du Mortissou. Et celui de la rive droite, la montagne de la Vieille Morte !

Cette nécropole comprend une dizaine de monuments formés de grands cercles de pierre, avec au centre une tombe à caisson, tombe très courante dans les Cévennes. Sept de ces cercles de pierre forment un ensemble cohérent au niveau énergétique. Les trois autres sont éloignés mais font partie de cette nécropole telle que décrite par les archéologues. Des fouilles archéologiques soignées

1. Du nom de la rivière qui coule en son centre.

ont permis de mettre en évidence quelques ossements et objets, provenant d'incinérations ayant eu lieu à l'extérieur du site.

Selon les archéologues, la période de construction et d'usage du lieu s'étend globalement de 2700 av. J.-C. à 800 av. J.-C., soit il y a entre 3 000 et 5 000 ans environ. Durant une période aussi longue, les usages du lieu ont pu varier.

Dans mon histoire de vie, et particulièrement dans la démarche de l'aide que nous pouvons apporter aux personnes décédées, ce site joue un rôle très important, et cela depuis dix-huit ans. C'est pourquoi je me propose d'en présenter la découverte, pas à pas, avec les personnes qui m'ont accompagné. C'est une belle histoire faite de facettes diverses, et c'est pour moi un phare dans mes contacts avec l'invisible.

Un des premiers jours de l'année 2004, Marie-Claire Gelly Aubaret a pris contact avec moi en vue d'une éventuelle intervention, comme géobiologiste, lors de l'expérimentation « Déplacement dans le paysage », programmée pour l'été 2004 par l'association Sentiers, à Lamelouze. Simone Forti[2] (danseuse et chorégraphe américaine d'origine italienne), invitée pour conduire cette expérimentation, souhaitait être entourée de personnes de diverses disciplines : la danse, l'art plastique, l'écriture, la thérapie et la géobiologie.

2. Simone Forti est l'une des figures phares de ce qui représente le « postmoderne » et plus particulièrement sa forme la plus radicale : l'improvisation.

Durant une semaine, cette équipe de base a préparé la semaine du stage, ouvert à une douzaine de danseurs et danseuses professionnels.

Pour préparer ces rencontres au niveau du ressenti, j'ai cherché un lieu particulier pour certaines expérimentations. J'ai pensé à Peyraube, situé tout près du lieu du stage, que je connaissais depuis plusieurs années et qui m'avait marqué par sa sérénité et son emplacement exceptionnel.

J'y suis donc allé pour l'étudier en tant que géobiologiste, avec mes propres moyens d'investigation. Et là, quelle ne fut pas ma surprise de faire la connaissance, non pas d'une suite de tombes, mais d'un lieu homogène, énergétiquement parlant, proche des caractéristiques d'un lieu de culte, voire d'une cathédrale, même si le lieu est beaucoup plus petit.

Les sept cercles de pierres alignés sur une crête rocheuse sont implantés sur ce que l'on appelle une « ligne de géomancie ». Il s'agit des lignes d'énergie sur lesquelles sont édifiés la majorité des grands édifices cultuels, depuis les dolmens jusqu'aux cathédrales. Perpendiculairement à la hauteur du cinquième cercle, une faille géologique croise la ligne de géomancie; ce genre de constatation est classique dans les hauts lieux: une ligne de géomancie, d'une qualité spirituelle en intersection avec un paramètre physique, faille ou cours d'eau souterrain.

Sur le plan énergétique, en tentant la comparaison avec une église, je trouve:

- à l'emplacement du premier cercle: le narthex;
- aux emplacements des deux cercles suivants: la nef;

- au quatrième cercle: la croisée du transept;
- au cinquième cercle: les trois marches traditionnelles de l'accès au chœur et l'emplacement du jubé dans certaines églises;
- à l'emplacement du sixième cercle: le chœur.

L'emplacement du septième cercle correspond toujours au chœur, mais plutôt au chœur « extra-muros » des temples égyptiens, tel que décrit dans l'ouvrage *Le Temple dans l'homme*, de R. A. Schwaller de Lubicz[3].

Nos ancêtres avaient une connaissance très riche des hauts lieux d'énergie. Pour s'en convaincre, il suffit de prendre conscience qu'une grande majorité des grands édifices cultuels sont construits là où étaient situés des mégalithes (menhirs ou dolmens).

Le stage avec les danseuses et danseurs a été passionnant, c'était une approche interdisciplinaire très enrichissante. J'ai poursuivi mes visites sur le site de Peyraube, seul ou en accompagnant des amis.

Ce fut le cas lorsque mon amie Gisberta vint me trouver au Peyrier, accompagnée de son fils Roland, durant l'été 2006. Elle est thérapeute, accompagne avec talent nos rêves éveillés et reçoit des messages de grande qualité.

Je les ai accompagnés sur un site sacré comportant des cupules. Gisberta a reçu un message d'un druide expliquant bien le rôle de ces cupules, qui étaient utilisées avec les doigts, comme on utilise les labyrinthes des cathédrales avec les pieds! Un chemin d'évolution vers la lumière et vers l'univers sacré qui unit le haut et le bas.

---

3. René A. Schwaller de Lubicz, *Le Temple dans l'homme*, Dervy, 2001.

Le lendemain, je les emmenais à Peyraube. En arrivant sur le lieu, un souvenir me revint, celui d'une femme que j'avais rencontrée il y a de nombreuses années. Elle écrivait alors une thèse sur les rituels d'accompagnement des personnes en fin de vie à travers le monde. Elle m'avait raconté un rêve éveillé qu'elle avait fait. Il s'agissait d'un grand espace souterrain, d'un plan circulaire où les corps des trépassés étaient déposés comme l'aiguille d'une montre et régulièrement déplacés jusqu'à ce qu'ils aient fait le tour du cadran ! Et, comme un flash, j'ai eu la vision que c'était le rôle de ces sept cercles de pierres, un chemin d'évolution et d'accompagnement juste après le décès.

Une fois arrivés au dernier cercle, où se dégage une vue splendide, nous nous sommes assis en silence et mon amie reçut le message suivant, que je cite :

« Bonjour,

La joie est présente de pouvoir être en communication avec vous. Non, je ne suis pas le même druide, mais j'étais aussi druide, comme mon ami que vous venez de rencontrer il y a quelques instants[4] *!*

Oui, écoute les dires de l'ami Pierre. C'est un haut lieu. Oui, nous déplacions les morts chaque jour plus vers l'espace le plus divin.

C'était effectivement un lieu où nous nous réunissions pour fusionner dans une lumière, unis en prière et en actes religieux.

4. En réalité, c'était hier, nous ne sommes pas dans le même espace-temps que notre ami druide !

C'est aussi un pèlerinage pour toi, mortel. Car en venant ici, tu peux t'arrêter au premier édifice et écouter en toi, tu peux ensuite venir à Dieu en t'arrêtant à chaque édifice.

Nous n'enterrions pas tous les morts de cette façon, uniquement les druides, car nous sommes toujours là pour vous guider.

La Terre met en vibration la lumière et la paix en cet endroit et nous venions intensifier cette vibration chaleureuse et enveloppante, élevant et harmonisant.

Oui, je suis encore là pour veiller sur ce lieu. Nous étions sept guides druides dans cette région et régulièrement nous nous réunissions pour étendre cette paix sur toute la région afin d'éviter les guerres et les catastrophes naturelles.

Et bien évidemment la vie continue, se transforme constamment et nous n'avons pas pu continuer éternellement de la manière dont nous le faisions.

Mais nous sommes toujours présents et chaque fois que des mortels viennent en ce lieu, nous sommes en joie, car même s'ils ne savent pas que nous sommes là, ils prennent un peu de notre vibration en eux et la distillent plus loin dans les villes et les villages.

C'est la vie. MERCI.

Paix dans votre âme, vos esprits et vos corps.

Peyraube, 9 juillet 2006 »

Merveilleux message confirmant l'intuition que j'avais eue en arrivant sur le lieu. Cette intuition devait venir, j'en suis certain, du druide accueillant les visiteurs. Je n'entends que très rarement des messages, ça arrive parfois, oui, mais ils restent très brefs et assez directifs ! J'y reviendrai.

Depuis le stage de 2004 à Lamelouze, je suis resté en contact avec quelques personnes de l'association Sentiers, notamment avec une danseuse, Christine, très sensible aux lieux.

Au printemps 2006, à son initiative, nous avons organisé un stage de sensibilisation aux lieux sur un parcours de transhumance, et une belle collaboration s'est installée entre nous. Par la suite, elle m'a fait part de son souhait d'être formée en géobiologie, pour établir un lien entre la géobiologie et la danse, voire, pourquoi pas, soigner des lieux par la danse. J'envisage positivement ce souhait, même si je comprends qu'il ne s'agit plus de la géobiologie telle que je la pratique professionnellement chez des clients.

Nous convenons d'une rencontre au Peyrier fin juillet 2006.

Tandis que nous travaillons sur divers lieux de manière précise, il s'avère que Christine ressent parfaitement bien les diverses qualités des lieux, sans outils, directement avec son corps. Nous travaillons sur un étalonnage personnel de ses perceptions.

Très naturellement, nous allons au site de Peyraube pour développer cette connexion, ce qui lui convenait parfaitement. Ayant un grand intérêt pour les hauts lieux, elle revenait d'un séjour à Delphes et à Épidaure, où elle était allée mener une recherche pour le Collège de France avec la chorégraphe Susan Buirge[5].

5. Susan Buirge, danseuse, chorégraphe et pédagogue américaine, était en 2016 responsable de la section « danse contemporaine » à la fondation Royaumont. En 2023, elle vit au Japon.

Nous nous engageons dans le pèlerinage proposé par le druide de Peyraube. Au troisième cercle, je la vois, un peu interloquée, sortir un calepin et écrire!

Et encore une fois au quatrième cercle...

À la fin du parcours, elle m'explique qu'elle a entendu clairement un message: « Courage, tu auras un enfant. Autre chose, je suis là pour donner une grande joie. Ce site est sacré, respecte-le. »

Elle exprime mentalement son étonnement et la réponse vient: « Je connais ta question. »

En effet, elle ressentait un fort désir de maternité, alors qu'aucun projet parental ne se profilait à l'horizon. Elle m'en avait parlé la veille.

Christine avait déjà entendu des bribes de message, mais jamais une expression aussi nette et personnelle.

La « formation » prend ce jour-là une direction imprévue, Christine s'est connectée à un aspect nouveau de sa personne et de son chemin de vie: la médiumnité par clairaudience, ce qu'elle développera avec beauté.

Chaque fois que je viens séjourner en Cévennes, nous poursuivons les visites à Peyraube. Nous y retournons vers la mi-octobre et Christine reçoit un nouveau message: « Christine, le fruit de tes entrailles est béni. » À mon grand étonnement, elle ne comprend pas la signification de ce message! Je lui dis que cela me paraît clair: ne serait-elle pas enceinte? Mais elle réfute cette hypothèse d'un catégorique: « Impossible. » Le test qu'elle fera à son retour en ville lui prouvera le contraire. Les cycles féminins peuvent subir des variations non prévisibles!

Juste après Noël, nous retournons à Peyraube et parcourons les étapes du pèlerinage en méditant à chaque cercle pour comprendre le rôle de chacun.

Après l'échange de nos ressentis, nous pouvons retenir pour chaque cercle une signification bien précise :

- premier cercle : poser son fardeau. Se décharger de ce qui nous encombre ;
- deuxième cercle : actions de grâce, remerciements. Exprimer sa reconnaissance pour le chemin parcouru ;
- troisième cercle : la voie, le chemin, le destin. Son chemin de vie ;
- quatrième cercle : le point, la synthèse. Accepter et reconnaître ;
- cinquième cercle : le miroir, le seuil. Le passage d'un plan à un autre. La croisée des chemins : tu peux rester ou continuer. C'est l'accès au chœur ;
- sixième cercle : le silence. Le souffle de l'esprit rend les paroles du mental inaudibles ;
- septième cercle : l'éclatement dans la lumière. Il n'y a plus de mots.

Pour ma part, je n'ai que très rarement « entendu » des messages. Parfois, par « intuition », des phrases me viennent, mais d'où viennent les intuitions ? À quelques reprises, de très brèves informations arrivent de manière très puissante et là, impossible de les prendre pour de l'intuition !

Dans ce lieu, un jour, sur le premier cercle, j'ai exprimé : « Je suis heureux de poser mon fardeau. » Réponse immédiate: « Non, c'est nous qui te soulageons de ton fardeau. »

De même, au cinquième cercle, j'ai dit: « J'accueille le chemin qui s'ouvre devant moi. » Réponse immédiate: « Non, c'est ce chemin qui t'accueille. »

Une femme, thérapeute, m'a un jour donné une information complémentaire concernant chaque cercle. Chacun correspondrait à un chakra!

- Le premier cercle: chakra racine, de couleur rouge.
- Le deuxième cercle: chakra hara, de couleur orange.
- Le troisième cercle: chakra du plexus solaire, de couleur jaune.
- Le quatrième cercle: chakra du plexus cardiaque, de couleur turquoise.
- Le cinquième cercle: chakra de la gorge, de couleur bleue.
- Le sixième cercle: chakra du troisième œil, de couleur indigo.
- Le septième cercle: chakra coronal, de couleur violette ou blanche.

La relation entre le rôle repéré de chaque cercle et celui des chakras paraît évidente. Particulièrement pour les deux derniers.

Lors d'un autre pèlerinage en mars 2007, Christine et moi avons vécu à Peyraube une expérience splendide. Nous étions devant le septième cercle, par un jour de pluie et de brouillard, méditant en position debout. À un moment, j'ai cru qu'il y avait une éclaircie car j'ai eu l'impression, à travers mes paupières closes, d'avoir le soleil dans les yeux. Je les ai ouverts, brouillard intense... Je les ai refermés, à nouveau la lumière. Instant magique. Une fois dans la voiture, à l'abri, j'ai raconté cela à Christine qui, très surprise, m'a dit avoir vécu exactement la même chose.

Au printemps, Christine revient seule au Peyrier. C'est la période où elle aimerait bien savoir si le bébé dont elle est enceinte est une fille ou un garçon. Ce serait plus facile pour choisir un prénom, pour cet enfant qui va naître juste après le solstice d'été. Quelques jours plus tard, chez elle, tandis qu'elle tricote une couverture, la réponse arrive: « Son nom est Mathieu. » Elle découvre ainsi que c'est un garçon et qu'il s'appelle Mathieu ! Les deux questions ont leur réponse, le sexe et le nom, il n'y a pas à hésiter, surtout lorsqu'elle apprend, après une recherche, que le prénom de Mathieu signifie « don de Dieu ».

Mathieu deviendra mon « petit-filleul » !

En juillet 2007, Mathieu a trois semaines et Christine et moi allons faire les présentations à Peyraube... J'entends : « Soyez les bienvenus, vous venez nous présenter Mathieu... Mais c'est Mathieu qui vous a présenté ce lieu ! »

Et au deuxième cercle : « Enfants de ce lieu, votre chemin est passé par ici et il ne sera plus le même. »

En effet, depuis cette période, Christine reçoit des messages de grande qualité, très aidants pour les personnes qui en bénéficient.

L'année suivante a lieu le baptême de Mathieu, dans une église proche ; son père et toute la famille sont présents. Mathieu a deux parrains: un parrain et un « grand-parrain »... Comme un père et un grand-père.

Le prêtre complète avec plaisir les documents, pour que je puisse signer comme grand-parrain.

Christine a animé la cérémonie dans l'église avec une danse préparée pour l'occasion.

Les années suivantes, à de nombreuses reprises, j'ai accompagné des personnes, seules ou en couple, pour faire ce pèlerinage à Peyraube. Les réactions ont toujours été très positives, et en conformité avec le « rôle » de chaque cercle. Un chemin initiatique qui passe par une mort et une renaissance symbolique.

Ce pèlerinage est personnel, intime et, pour la majorité des personnes, très enrichissant sur leur chemin de vie.

Après des hésitations et des questionnements, j'ai accompagné à deux reprises des groupes déjà constitués. La démarche est très différente et elle a donné envie à plusieurs d'entre eux de revenir effectuer ce « pèlerinage » seuls.

Ce qui m'a le plus ému alors, c'était de ressentir une grande joie dans le lieu, et certainement parmi les druides, très heureux que ce site reçoive un groupe dans un esprit de ressenti des lieux, ce qui n'était plus arrivé depuis des siècles.

En quoi ce lieu pourrait-il aider nos morts? Le déplacement physique des corps de cercle en cercle n'est plus réaliste à notre époque, même si cette façon de faire, bien accompagnée, devrait être superbe. Mais nous pouvons aussi, dans une démarche d'aide, le faire pour une personne décédée, tout en lui parlant et en l'incitant à une réflexion sur son chemin de vie. Nous pouvons aussi, pour nous-mêmes, faire l'exercice de ce pèlerinage de notre vivant, sur place bien sûr, ou chez soi, en pensant à ces étapes.

Le but de cette démarche est d'être au clair sur sa vie, être prêt à abandonner derrière soi ce qui a été vécu et accepter avec sérénité le nouveau chemin qui s'ouvre.

Je pense que les personnes qui ont fait ce parcours auront moins de problèmes, une fois sur l'autre rive, pour continuer le chemin en laissant derrière eux leurs biens et leurs attaches et en ne gardant que l'amour qu'ils ont pour leurs proches, amour qui, lui, est immortel et pourra les accompagner dans l'au-delà.

TRANSMISSIONS DE SITUATIONS VÉCUES

Toutes les situations présentées ici ont été – à l'exception d'une seule – vécues lors d'analyses de géobiologie, réclamées par des personnes désireuses de connaître les aspects invisibles de leurs lieux de vie. Mes clients avaient tous de bonnes raisons de me demander une analyse : problème de sommeil, troubles de santé récurrents et inexplicables.

Parmi le nombre considérable de facteurs qui peuvent influencer la qualité du milieu vital, la relation avec des personnes décédées était très minoritaire. Les gens ne s'attendaient que rarement à un constat de ce genre. J'ai toujours été très surpris de constater avec quel naturel mes clients acceptaient ce « diagnostic » ! À tel point que je pense que je ne faisais que mettre en évidence ce qu'ils savaient inconsciemment. Je ne percevais que les situations « acceptables » par les gens qui me faisaient venir. Comme si ma venue était organisée et programmée.

Sur environ vingt-cinq années d'analyse en géobiologie, j'ai sélectionné un certain nombre de situations où j'ai mis en évidence une relation avec des personnes décédées, encore présentes dans les lieux. Chaque situation étant différente, il n'est pas possible de tirer des généralités. La seule chose possible dans ce domaine, c'est de faire des constats.

« DIAGNOSTIC » ET DÉMARCHE D'AIDE

Avant de partager ces témoignages, je vais décrire brièvement comment je procède pour repérer le ou les trépassés qui sont en cause dans le constat de présence que je fais. Parfois, cela est évident, mais cela reste rare.

L'approche que j'utilise se fait en radiesthésie, donc à l'aide d'un pendule. La radiesthésie permet de mettre en évidence ce que l'on sait, mais de manière inconsciente. Elle permet de passer à travers la cloison, parfois très étanche, entre le conscient et l'inconscient. Notre inconscient est en relation avec le « grand tout », donc l'invisible. Les expérimenteurs ayant vécu une EMI décrivent très bien cet invisible et le fait qu'ils ont accès à toutes les connaissances en même temps.

Ce n'est pas le pendule qui va donner les réponses à des questions, comme je le lis parfois ! Le pendule est un « outil », comme le crayon ou la plume sont des « outils » pour un écrivain ou pour un compositeur. Ce n'est pas parce que l'on a acheté aux enchères la plume de Baudelaire que l'on va écrire des poèmes aussi beaux que les siens !

Ce diagnostic en radiesthésie doit être réalisé de façon très systématique, question après question, une réponse entraînant la question suivante. En radiesthésie, la question doit être très précise pour obtenir une réponse précise. Par exemple, sans être exhaustif:

- Combien de personnes sont-elles concernées ? Une, deux, trois, etc.
- Combien d'hommes et combien de femmes ?

- Quel âge avait chaque personne au moment du décès ?
- À quelle période le décès a-t-il eu lieu ? Là, il faut faire un décompte : moins de dix ans, de dix à vingt ans, etc.
- La ou les présences ressenties sont-elles liées au lieu ? Aux personnes ?
- Les personnes ont-elles un lien familial ?
- Le décès était-il accidentel ?

Et ainsi de suite, personne après personne, jusqu'à ce que le profil du trépassé puisse apparaître.

Selon la réponse, la suite sera différente. Dans le cas de lieux, il faudra tenter d'avoir quelques précisions, par exemple des histoires qui circulent à leur propos. S'il s'agit de la famille, il faudrait dessiner un arbre généalogique et repérer quelles sont les personnes décédées qui pourraient être en relation avec la situation.

La radiesthésie est une démarche ; c'est celle qui me convient, mais il y en a d'autres.

Une fois les données récoltées sur la ou les personnes qu'il serait bon d'aider, comment réaliser cette aide ?

Tout d'abord, il faut choisir un endroit calme propice à la méditation, faire en sorte de ne pas être dérangé, allumer des bougies, créer une ambiance appropriée, pourquoi pas avec une musique douce et des huiles essentielles adaptées.

Ensuite, il s'agit de parler à haute voix à la personne. Pourquoi à haute voix ? D'une part, tout simplement parce que la présence est encore très liée au plan physique et, quand on s'exprime à haute voix, l'énergie du verbe devient physique et le contact est facilité. Ces personnes sont probablement sourdes et aveugles face aux êtres spirituels qui cherchent à les aider, sinon elles seraient déjà passées à un plan supérieur de l'au-delà. D'autre part, parler à haute voix permet de rester plus facilement concentré.

Pour cela, il est bon d'informer un « plan supérieur » que nous allons aider telle personne et que nous souhaitons être aidés, nous aussi, dans cette démarche. En quelque sorte, nous nous mettons à disposition d'un plan supérieur, pour transmettre dans un plan physique une énergie spirituelle : l'Amour universel.

J'aime bien, pour visualiser cette démarche, utiliser la symbolique de « l'échelle de Jacob ». Nous sommes sur Terre, nous tenons le bas de l'échelle, les anges gardiens, informés au préalable, tiennent le haut, et ainsi le passage pour la personne à aider est facilité.

Que dire à la personne que l'on souhaite aider ?

L'idée est de l'aider à prendre conscience qu'elle est décédée, mais que la situation dans laquelle elle se trouve n'a rien de définitif, qu'elle est transitoire et qu'un chemin existe pour aller vers la lumière. Informer la personne qu'elle est libre, qu'elle peut lâcher prise sur les liens qui la retiennent, que l'amour qu'elle a pour ses proches persistera et sera encore amplifié dans un autre plan.

Il faut être très libre dans ce que nous voulons dire, laisser une grande part à l'intuition. Il est certain que si nous faisons ce travail pour une personne inconnue, c'est moins aisé que pour un proche, pour lequel nous pouvons dénouer des liens, dire ce que nous aurions voulu lui dire de son vivant, demander pardon pour certaines choses que nous aurions faites, ou pardonner ce que l'autre aurait pu faire de malveillant à notre égard. Expliquer que nous nous occuperons de sa maison ou de ses proches, qu'elle peut nous faire confiance pour s'occuper des affaires qu'elle a laissées en plan, etc. Le tout avec beaucoup d'amour...

Les retours d'informations de la part des gens à qui j'ai conseillé de faire ce travail sont souvent assez similaires. Une certaine difficulté pour démarrer, une crainte de parler à haute voix à une personne décédée reviennent souvent. Une fois la démarche commencée, les personnes se sentent bien, ressentent le contact, et la parole coule librement. Des gens m'ont dit être surpris par ce qu'elles disaient ! Après quelques jours, elles ont tout à coup l'impression de parler dans le vide.

Il est bon de réitérer ces moments d'aide pendant plusieurs jours, trois, six ou neuf jours dans la majorité des cas, parfois plus...

Si nous sommes plusieurs à conduire cette démarche, à chacun de nous de ressentir si nous sommes mieux ensemble ou chacun pour soi, mais il est plus efficace de le faire en même temps.

Après cette démarche, il est souhaitable d'accompagner la personne durant une période de sept semaines, de manière très simple, en lui envoyant des pensées d'amour, et d'allumer une bougie régulièrement, par exemple.

Bien des gens apprécient beaucoup la proposition de planter un arbre en souvenir de la personne que l'on a aidée, pour autant que les conditions s'y prêtent.

Situations sans manifestations particulières

MON PREMIER CAS EN ANALYSE, AVEC UNE SITUATION DE PRÉSENCE

Il s'agissait d'un couple qui venait d'acheter une villa, sur un coteau dominant avec une belle vue, la maison dont beaucoup de gens rêvent.

Dès qu'ils s'y sont installés avec leurs cartons, ils ont eu l'impression de ne pas être chez eux. Ils ont commencé à effacer les traces des anciens occupants pour marquer leur territoire, comme ils me l'ont expliqué. Ils ont arraché la moquette de l'escalier, puis les papiers peints, jusqu'à tard le soir. Quant à placer des meubles, ils n'en étaient pas capables, rien n'allait comme ils voulaient!

J'entreprends l'analyse et je trouve une perturbation bizarre, que j'ai beaucoup de peine à comprendre, puis tout à coup, j'ai une intuition: serait-ce une personne décédée? J'ai des hésitations, mais cette piste me semble la plus plausible et j'en parle. Les nouveaux propriétaires sont parfaitement au courant de ce qui s'est passé dans cette maison et me transmettent ce qu'ils savent: « Le notaire nous a informés que l'ancienne propriétaire est décédée dans le local technique de la piscine, probablement après avoir renversé un bidon de produit toxique. Se pourrait-il que ce sentiment bizarre ressenti provienne de cet accident ? »

J'ai pu leur répondre, étant tout à fait conscient que certaines personnes peuvent être ressenties dans une maison après leur décès et provoquer des gênes. Mais c'était la première fois que je percevais ce phénomène seul, lors d'une analyse. Je l'avais déjà perçu lors d'une analyse où j'accompagnais la personne avec qui je m'étais formé.

Pour la démarche d'aide, j'avais déjà une certaine expérience personnelle, hors analyse[1], donc j'étais assez à l'aise pour leur donner des conseils adéquats, ce que j'ai fait.

Mes clients, eux, n'avaient jamais imaginé que leur malaise pouvait venir de cela. S'ils avaient su les conséquences de ce qui s'était passé dans cette maison, ils auraient « peut-être renoncé à cet achat », m'ont-ils dit !

Ils ont été très soulagés d'apprendre que cette situation n'était que provisoire et que tout devrait se calmer une fois qu'ils auraient fait le travail d'aide conseillé. J'ai d'ailleurs été surpris de constater que la situation s'était déjà un peu calmée.

J'ai compris, par la suite, que dès que la personne décédée est reconnue, la gêne qu'elle provoque n'est plus perçue de manière aussi marquée.

---

1. Voir le chapitre « Mon chemin de vie », p. 29.

À partir de ce cas, j'ai plus vite repéré les situations où l'on ressent la «présence» de trépassés.

TOUT SEMBLE PARFAIT DANS CETTE MAISON, MAIS LE COUPLE N'ARRIVE PAS À AVOIR UN ENFANT

Il s'agit d'une demande d'analyse assez classique: après son mariage, un jeune couple a repris une maison de famille et y habite. Madame s'occupe avec un très bon goût de rafraîchir cette maison et lui donne une belle ambiance, pendant que son mari, bûcheron, jardine les forêts. Leur souci: ils n'arrivent pas à avoir un enfant.

J'ai déjà rencontré plusieurs fois ce genre de situation, assez classique dans les cas de perturbation d'origine électromagnétique ou géologique. Mais dans ce cas, il n'en est rien, il s'agit d'un problème de présence! Le couple comprend bien cette situation et tous deux sont d'accord pour poursuivre la démarche afin d'en savoir davantage.

Il semble que la présence vienne de l'univers familial, et pas besoin de remonter très loin dans l'arbre généalogique. Tout gamin, le monsieur avait perdu un frère, heurté par une voiture sur la route qui passe près de la maison. Il est surpris, car il ne pensait pas du tout à ce cas de figure en me faisant venir. Mais il est prêt à faire un travail d'aide, pour permettre à son frère de trouver le chemin de la lumière. Son épouse l'épaulera bien volontiers.

Une année plus tard, ce couple donne mon nom à des amis pour une analyse. Et ces gens m'informent que leurs amis viennent d'avoir un petit garçon, nouvelle que j'accueille avec bonheur ; beau retour d'information.

Face à un retour positif, il n'est jamais possible d'être certain de la relation de cause à effet, mais là n'est pas l'objectif d'une analyse géobiologique. Ce peut être comme pour de nombreux couples qui, faute de pouvoir concevoir un enfant, se tournent vers l'adoption. Une fois que les formalités ont abouti et qu'un enfant est accueilli dans le foyer, une petite sœur ou un petit frère s'annonce. D'aucuns diront que c'est une relation psychologique ! Peu importe, le but est atteint.

UNE FEMME QUI EST TOUJOURS EN COLÈRE CONTRE SA MÈRE

J'interviens, à sa demande, chez une femme seule, qui est certaine que quelqu'un lui a jeté un sort !

J'entreprends l'analyse en mettant de côté cette certitude. D'emblée, la présence d'une personne décédée apparaît. Je lui propose que nous allions nous asseoir pour discuter de ce que je ressens. Nous allons à la cuisine. Je lui explique calmement que je ne ressens pas de sort, mais une présence. Elle se lève, ouvre une armoire, prend un gros pot, le pose brusquement sur la table et me dit : « C'est certainement elle, ma mère m'a fait chi... toute ma vie et cela continue, j'en ai ras le bol ! »

Le gros pot était l'urne de sa mère décédée plusieurs mois auparavant ! Je n'avais pas compris qu'il s'agissait d'une urne – c'est tellement peu sa place, dans une armoire de cuisine...

À peine besoin de contrôler: la présence était bien sa mère, la cause paraissait claire. Je tente de lui expliquer que sa mère ne lui veut aucun mal, ne lui jette aucun sort, mais que, de l'autre côté du voile, elle était autant en colère qu'elle-même. Tant que leur relation, même par-delà la mort, était marquée par la colère, rien ne changerait.

À mon grand étonnement, elle m'a bien écouté lui expliquer comment, en parlant à sa mère, en lui pardonnant et en lui demandant pardon, bref, en réglant leur histoire relationnelle, elle allait pouvoir l'aider à lâcher prise. Ensuite, il lui faudrait effectuer une cérémonie simple et mettre les cendres de sa mère là où elle pensait que c'était juste!

Nous étions convenus qu'elle pouvait me téléphoner, si elle le désirait, et que je pouvais revenir si la situation ne se calmait pas.

Pas de nouvelles, bonnes nouvelles!

Cette situation montre bien l'imbrication persistante entre les personnes vivantes et celles qui, décédées, n'arrivent pas à lâcher prise. Demeurent bien souvent des problèmes relationnels et il est souhaitable que les personnes concernées les dénouent elles-mêmes, dans le calme et avec amour.

Dans cette situation, certaines personnes pensent que c'est là un phénomène psychologique et, dans un certain sens, elles ont raison! La psychologie joue toujours son rôle, même chez les personnes décédées.

Situation avec manifestation d'odeurs

LA MAISON VIDE QUI AVAIT UNE ODEUR FRAÎCHE DE CIGARE

Cette fois-là, j'intervenais pour un conseil avant achat, la démarche idéale. Une belle maison, construite dans les années 1930, vide, très bien entretenue et jouissant d'une situation privilégiée. Nous sommes un lundi après-midi, ma cliente est seule, l'agence immobilière a mis les clés à sa disposition depuis le vendredi.

Avant de commencer l'analyse, je fais une visite globale de la maison et là, je suis très surpris par l'odeur de cigare, mais pas la fumée froide, la fumée fraîche, je voyais presque les volutes !

Je suis presque sûr que quelqu'un vient de passer. Ma cliente, elle, ne sent rien. Elle téléphone à l'agence pour savoir si quelqu'un est venu dans la maison. Réponse : « Non, nous avons un seul jeu de clés et c'est vous qui l'avez depuis vendredi. »

Sans comprendre le phénomène, j'entreprends l'analyse et, immédiatement, je constate un paramètre « présence ou mémoire ». J'explique la situation à ma cliente, en lui disant que pour continuer l'analyse, il faut décoder cela, afin de savoir de qui il s'agit et envisager un travail d'aide qui permettra à cette ou ces personnes de se libérer des liens du plan physique.

Elle comprend vite et adhère. On passe un moment à décoder l'ensemble en radiesthésie. La situation est simple : il s'agit de l'ancien propriétaire. Dès ce moment, je peux continuer l'analyse, sans être gêné par cette personne, probablement contente d'être reconnue.

La maison ne présente aucun problème majeur qui pourrait remettre en question un achat. Je donne cette information à ma cliente, en précisant que ce point de vue est valable pour autant qu'elle entreprenne un travail d'aide pour cette personne. Elle y est prête, suivant les pistes que je lui donne.

Avant de nous quitter, je lui propose de demander dans le voisinage si l'ancien propriétaire n'était pas, « par hasard », un fumeur de cigare. Elle me téléphone le lendemain pour m'informer que cet homme était un très gros fumeur de cigare !

Il s'agit ici d'un cas concret, il ne faut pas en faire une généralité. Toutes les odeurs qui n'ont pas une relation avec une cause repérable ne proviennent pas de personnes décédées ! Dans ce cas, c'était la façon que cet homme avait trouvée pour se manifester. Les personnes décédées ont beaucoup de méthodes différentes pour se manifester.

L'ODEUR D'ÉGOUTS QUI FAISAIT FUIR LES CLIENTS DU CAFÉ

Une jeune femme vient d'ouvrir un café. Elle déchante un peu, car au vu de l'odeur d'égouts, les clients ne restent pas longtemps. Elle désire connaître mon point de vue.

J'arrive dans une grande maison ancienne, avec une vue spectaculaire depuis la terrasse. Tout ce qu'il faut pour qu'un café ait des clients, en principe !

Avec mon côté bien rationnel, formé par vingt-cinq ans de bureau d'architecture, je me mets à chercher du côté des canalisations. Mais en fait, je ne sens pas d'odeur. Logique, me dit la jeune femme, elle ne vient que dès qu'il y a deux ou trois clients, aussi bien à l'intérieur qu'à l'extérieur. Ah bon ! Bizarre, bizarre... Je contrôle tout ce que je peux, mais pas de manque de siphon, pas de croisement entre les eaux claires et les eaux usées, je ne trouve rien, tout semble en ordre. J'annonce donc que je vais voir si je trouve quelque chose avec mon approche de géobiologiste.

Et là, je m'aperçois que tout n'est pas en ordre ! Une perturbation marquée du côté « présences » apparaît très vite. La jeune femme est un peu estomaquée et me demande : « Est-ce que cela pourrait être ma grand-mère ? » Peut-être... Elle me donne les informations pour dessiner un arbre généalogique simple et je contrôle. En effet, il s'agit bien de sa grand-mère.

Elle m'explique pourquoi elle a immédiatement pensé à elle. Cette belle demeure appartenait à sa grand-mère, elle en est l'héritière, mais... Sur son lit de mort, comme on dit, sa grand-mère lui a dit : « Tu vas devenir propriétaire de cette maison, mais je ne veux pas que tu en fasses un café ! » Et voilà ! La jeune femme n'avait pas suivi les dernières volontés de sa grand-mère.

Nous avons bien discuté. J'ai contrôlé si elle pouvait faire, seule, un travail d'aide pour sa grand-mère. C'était tout à fait possible. Elle s'est dite prête à réaliser ce travail pour cette femme qu'elle adorait. Je lui ai donné des conseils pour « négocier » avec sa grand-mère et l'aider à lâcher prise sur ce qui avait été sa propriété du temps de son vivant.

Nous sommes convenus qu'elle pouvait me contacter si elle en ressentait le besoin ou si quelque chose de particulier se présentait.

Environ une année plus tard, je suis passé dans la région et j'ai vu qu'il y avait toujours un café et une terrasse avec des parasols. Il faut croire que les « négociations » avaient abouti.

Cette situation, rare, montre bien l'inventivité des personnes décédées, contrariées, « pour se faire remarquer ». Tout paraît possible ! Dans ce cas, même créer une odeur désagréable et ce, au bon moment !

L'APPARTEMENT AVEC DES ODEURS DE PHARMACIE VENANT D'UNE ARMOIRE

J'interviens à la demande d'un couple dans un grand appartement au premier étage d'une maison ancienne, au centre d'une vieille ville.

Le couple loue cet appartement depuis peu et se plaint d'une odeur très soutenue provenant d'une armoire murale. Cette odeur est très typée: selon les locataires, c'est une odeur de pharmacie! Elle se fait sentir de manière totalement aléatoire. En dehors des moments où cette odeur est présente, on ne sent rien de particulier dans cette armoire.

Je repère un problème de présence et on se met autour de la table pour décoder la situation. Je travaille comme habituellement, en radiesthésie, en posant une suite de questions très ciblées. Je pose chaque question oralement et je les écris. Le couple de locataires suit la démarche, qui aboutira à définir une sorte de portrait-robot ressenti de la ou les personnes décédées.

La situation a été exceptionnelle, du fait que la dame répondait aux questions pendant que je les écrivais! Je ne pouvais, au pendule, que confirmer ses réponses. À la fin, je lui ai demandé comment elle obtenait ces réponses. Cette dame pratiquait avec une grande maîtrise la technique des tests en kinésiologie[1], très discrètement, sous la table, à partir du tonus des doigts.

On continue de la sorte, pour aboutir au «portrait-robot» suivant: il s'agirait d'un monsieur âgé décédé des années auparavant et pharmacien de profession. Le couple est parfaitement ouvert et accomplira avec plaisir, tant pour eux que pour le pharmacien, une démarche pour l'aider à cheminer vers la lumière.

En quittant ces lieux, comme souvent, j'ai un doute: ai-je repris tout mon matériel? Je pose ma serviette, l'ouvre pour contrôler si tout est en place. En me redressant,

1. Tests musculaires permettant un dialogue avec le corps, au niveau physique et au niveau énergétique, à la suite d'une modification du tonus musculaire.

je vois sur la façade de cette maison une plaque avec une inscription: « Dans cette maison a vécu M. X, bourgeois et notable de la commune, de telle à telle date. » La plaque donnait des informations sur ce monsieur et mentionnait la pharmacie qui existait au rez-de-chaussée et qui avait fermé bien longtemps auparavant. Les dates correspondaient au « portrait-robot ». Je remonte chez mes clients et demande à la dame: « Connaissez-vous la plaque sur la façade ? » Elle ne comprend absolument pas ce dont je parle, descend avec moi et découvre la plaque. Un beau cadeau...

Cette intervention m'a bien fait comprendre que mon approche en radiesthésie est une approche, qu'il y en a d'autres, et chacun adopte l'approche qui lui convient. Ce qui est important, c'est la rigueur du « questionnaire ». La réponse à la recherche ne nous tombe pas dessus toute faite ! Peut-être est-ce cas pour certains médiums, mais pas pour moi.

Situations avec manifestations de sons

Les constats des deux situations suivantes, en relation avec des morts violentes, confirment de manière claire les enseignements du bouddhisme tibétain : l'instant de la mort est l'un des instants les plus cruciaux de la vie d'un être humain et déterminera la suite de sa vie.

Ce sont certainement les Tibétains qui ont la plus grande connaissance de la mort et peuvent nous transmettre un enseignement incomparable. Sogyal Rinpoché, grâce à sa culture tibétaine et occidentale, nous transmet remarquablement cet enseignement au travers de son ouvrage, *Le Livre tibétain de la vie et de la mort*[1]. Je cite un passage (page 395) : « Les victimes d'un meurtre, d'un suicide, d'un accident ou d'une guerre peuvent facilement se trouver piégées dans leur souffrance, leur angoisse et leur peur, ou emprisonnées dans l'expérience

1. Sogyal Rinpoché, *Le Livre tibétain de la vie et de la mort*, La Table Ronde, 1993.

même de leur mort, empêchant ainsi le déroulement du processus de la renaissance. »

LA MAISON AVEC UN BRUIT BIZARRE

Un couple me demande mon avis à propos d'une maison héritée où ils vont parfois. Ils ne s'y sentent pas très à l'aise et entendent, par moments, un bruit bizarre, sourd : *floute… floute… floute…* Leur question : « Est-ce bien d'emménager dans cette maison ou vaut-il mieux la vendre ? »

Me voilà dans une maison tout à fait correcte, bien entretenue, un quartier agréable, sans aucun argument rationnel pour ne pas y emménager !

J'aborde la recherche de ce bruit particulier, sachant que, parfois, des canalisations avec de l'eau qui coule en continu peuvent provoquer un bruit de ce genre, l'eau s'écoulant par rythme. Mais je ne trouve rien.

Je me méfie des bruits bizarres, surtout depuis le résultat d'une recherche confiée à un laboratoire acoustique pour comprendre la provenance de bruits indéterminés. Ce laboratoire a conclu que ce pouvait être des moteurs électriques dont le son pouvait être entendu par certaines personnes jusqu'à 80 kilomètres de distance ! Sans parler du son de la Terre, le fameux « Hum » !

Mais dans cette maison, ces pistes ne donnent rien. Dans ce cas, ce bruit bizarre n'est pas entendu par tout le monde.

J'entreprends l'analyse et, immédiatement, le diagnostic est clair : une ou des présences. J'en discute avec le couple, qui n'avait pas du tout imaginé cela possible, mais assez rapidement, la femme comprend à quoi correspond ce bruit. C'est le bruit d'un hélicoptère, et son frère qui habitait cette maison est décédé lors d'un accident d'hélicoptère.

Un contrôle en radiesthésie confirme cette relation: le frère est seul en cause.

La femme est très touchée, mais heureuse de comprendre qu'elle pourra aider son frère à poursuivre son chemin vers la lumière. Avant, toutefois, il fallait lui expliquer qu'il était décédé. J'avais le sentiment qu'il ne l'avait pas compris, ce qui est assez courant en cas de décès très brutal.

Cet aspect admis, la femme était d'accord pour envisager ce travail. Le contact est établi, je peux reprendre l'analyse. La qualité de la maison est bonne, il n'y a pas de problème. Pour moi, si le couple le désire, il peut envisager d'habiter cette maison.

Je leur conseille quand même d'attendre d'avoir fait le travail d'aide pour le frère de madame avant de prendre une décision ferme.

Elle me dit qu'elle pense que son frère serait content qu'ils occupent la maison.

UN BRUIT DE TRAIN ENTENDU PAR CERTAINES PERSONNES

En travaillant pour une famille, dans leur maison, je ressens assez clairement la présence d'une personne décédée. Je réalise le décodage en radiesthésie et j'arrive au constat qu'il s'agirait du grand-père du monsieur. À ce moment-là, les gens me regardent, complètement interloqués, et me questionnent: « Le grand-père s'est suicidé en restant sur la voie face au train qui arrivait, et dans cette maison, parfois, l'un ou l'autre d'entre nous entend un train et un sifflement strident. Pensez-vous qu'il puisse y avoir une relation ? »

Je leur explique que c'est tout à fait possible, car les derniers instants de la vie s'impriment chez la personne qui est sur le point de mourir et auront une importance pour la suite. Ce bruit est certainement le dernier que le grand-père aura entendu et il sera, parfois, perçu par certains membres de la famille. L'un d'eux le décrit comme étant un bruit de train qui s'amplifie, suivi par un sifflement.

Personne dans la famille n'avait établi la relation entre le suicide du grand-père et ce bruit de train. Ils pensaient que ce dernier leur arrivait occasionnellement avec le vent, malgré le fait que la maison était très éloignée d'une voie de chemin de fer !

Dès que la relation entre le bruit du train et le suicide du grand-père est comprise, il devient évident que le sifflement est celui du sifflet actionné par le mécanicien de la locomotive voyant le drame arriver, en désespoir de cause.

Ils ont, sans aucune hésitation, décidé d'un commun accord d'entreprendre la démarche d'aide que je leur proposais pour le grand-père. Il fallait l'aider en premier lieu à comprendre qu'il était mort. Dans des cas de morts très brutales, il arrive parfois que les personnes décédées n'en soient pas conscientes.

LE CHÂTEAU ET LE QUINTETTE DE PERCUSSIONNISTES

Une amie vient de trouver le logement dont elle rêvait, un loft dans la dépendance d'un château, au milieu du vignoble de Lavaux. Il s'agit d'une femme qui possède toute la sensibilité d'une thérapeute pratiquant des massages ayurvédiques.

En prenant possession de ce logement, elle avait procédé à une harmonisation des lieux, avec des huiles essentielles notamment. Elle m'a signalé une chose particulière, un bruit qui rappelait des petits chocs dans les radiateurs. Avec mon côté rationnel, j'ai pensé à un phénomène assez classique lié à la dilatation des tuyaux. J'ai entrepris l'analyse des lieux sans y attacher d'importance, car je n'aime pas avoir des idées préconçues.

Après un travail sur l'aménagement du loft, afin que l'énergie circule bien dans cet espace assez complexe, un détail continuait à me gêner : une perturbation jusqu'à environ 30 centimètres du sol. Un phénomène de ce genre peut exister en relation avec certains matériaux de construction.

Mon amie téléphone à l'architecte qui a réalisé cet aménagement. Il lui décrit les matériaux utilisés pour le plancher et il n'y a dans cette description aucun matériau susceptible de créer une telle perturbation ! Peut-être un problème de tension ? Cela m'intrigue, je me penche vers le sol et, d'un seul coup, une perturbation générale apparaît. Là, la situation devient claire pour moi, il s'agit de présences. Je décide de faire une pause avant de poursuivre. Mais à peine suis-je assis avec un verre d'eau qu'une série de percussions démarre dans les radiateurs, *toc toctoc... toc toctoctoc...* Ce phénomène était assez impressionnant. Je suis allé mettre ma main sur un radiateur et je l'ai senti vibrer.

Et voilà, j'ai été à deux doigts de passer à côté du constat de « présences », mais « ils » m'ont rappelé à l'ordre. Je leur dis : « Merci, j'ai compris, on va s'occuper de vous. »

Nous réalisons le décodage et découvrons qu'il s'agit de cinq hommes décédés à la fin du XVIIIe siècle, peut-être bien des réfugiés fuyant les épidémies de peste. On les a surnommés « le quintette des percussionnistes ». Durant le décodage, ils se sont manifestés un peu *via* les radiateurs, un petit « dialogue ».

Nous réfléchissons au travail d'aide. Il était tout à fait clair que mon amie pouvait très bien accomplir ce travail, pas besoin de curé dans ce cas-là ! Elle l'a fait avec une grande conscience et beaucoup d'amour, en leur parlant à haute voix et en leur lisant des poèmes appropriés d'un poète persan.

Un contrôle, un mois plus tard, met en évidence une très belle qualité énergétique liée au lieu, aux modifications d'agencement et à la libération du quintette.

Au moment où j'écris ce témoignage, cela fait un an que le constat a été fait, et plus aucune séance de percussion n'a été entendue !

La particularité de cette situation réside dans le fait d'avoir constaté que ces présences ne se sont pas manifestées tout de suite, comme je le vis habituellement ! C'était comme si elles étaient un peu « endormies », cachées dans le plancher... Peut-être était-ce l'effet de l'harmonisation préalable qu'elle avait réalisée avec conscience lors de son emménagement.

Situations avec manifestations matérialisées

LA MAISON OÙ LES CLÉS DISPARAISSENT !

Je pratique une analyse dans une maison occupée par une femme seule, l'objectif étant pour elle de connaître sa maison sous son aspect subtil, mais elle ne m'en dit pas plus.

Très rapidement, je constate un aspect lié à une ou des présences. Comme d'habitude dans ces cas, je présente la situation en abordant le sujet avec prudence... Ma cliente me coupe en me disant : « Ne prenez pas de gants, je sais de quoi vous me parlez. C'est Alfred, l'ancien propriétaire, j'ai acheté la maison à ses enfants et je le connaissais. »

Elle m'explique qu'il lui joue des tours ! Il adore lui piquer ses clés. Elle a trouvé comment réagir : elle pose sur la table un billet sur lequel elle a écrit : « Alfred, rends-moi mes clés, s'il te plaît. » Le soir en rentrant, elle trouve ses clés sur le billet !

Je lui explique que c'est très bien qu'ils arrivent à cohabiter sans problème majeur, mais que ce n'est pas une situation très saine. Il est probable qu'Alfred n'ait pas trouvé d'autre moyen pour se manifester et qu'il lui demande de l'aide pour pouvoir continuer son chemin de l'autre côté. Elle est prête à l'aider, mais ne sait pas comment faire.

Je lui explique comment s'y prendre, de façon très simple et naturelle : en lui parlant à haute voix, comme à quelqu'un qui est perdu et qui cherche son chemin. C'est une démarche qu'elle est prête à faire avec amour, en lui disant qu'elle va prendre soin de sa maison et qu'il peut aller vers la lumière sans crainte. Cela après s'être mise dans une situation de méditation, en demandant de l'aide pour faire ce travail et pour qu'Alfred soit accueilli de « l'autre côté ».

Dans mes constats, il est rare que les personnes décédées se manifestent à travers des aspects matériels, mais tout est possible. Chaque personne décédée qui veut se faire reconnaître trouve un stratagème ou un autre.

Dans cette situation, la présence d'Alfred n'était pas trop gênante, pour une raison très simple : il était reconnu, il y avait un semblant d'échange.

Dans les cas où une présence n'est pas reconnue, mais plutôt chassée, bien souvent, cette personne ne se sentant plus chez elle, la tension ne fera que croître et les ennuis pourront être d'un tout autre niveau.

Note humoristique : si vous perdez vos clés, ne pensez pas que c'est forcément une personne décédée qui vous les a subtilisées ! Je n'ai vécu ce cas qu'une seule fois, n'en faites pas une généralité.

RECHERCHE DE LA PROVENANCE D'UNE FLAQUE D'EAU SUR UN PARQUET

Il s'agit d'une maison comportant plusieurs appartements, construite vers 1920. Les sols sont en parquet, la construction est bien entretenue. Mes clients, un couple avec un enfant, sont locataires d'un des appartements et ils se sont plaints à la gérance qu'il y avait toujours un peu d'eau sur un parquet, contre un mur de façade, sous le lit de leur jeune fils. Ils n'ont pas vu cela immédiatement et le parquet a commencé à se dégrader.

Le responsable de la gérance est venu et a constaté le problème sans le comprendre. Il n'y avait pas de tuyau d'eau dans le secteur et le mur ne présentait pas de traces d'humidité. Il a mandaté un physicien du bâtiment afin de comprendre avant de faire réparer le parquet. Le physicien a commencé par faire une analyse de « l'eau ». Pour préciser certaines de ses hypothèses, il a fait analyser cette eau. Résultat: ce n'était ni de l'eau du réseau, ni de l'urine. Il a pris le problème par tous les bouts mais il n'a pas compris.

Ayant entendu parler de quelques situations scabreuses que j'avais comprises, le locataire me fait venir.

J'aime bien les problèmes de construction, mais là, physiquement, je ne comprends pas davantage le problème que le physicien! Je change alors de « casquette » et je commence donc l'analyse de géobiologie.

Très rapidement, je constate qu'il y a un problème de présence. Je parle avec les locataires et je recherche la ou les personnes décédées que j'ai repérées. Il s'agit d'une seule personne, le père du locataire, décédé très brutalement.

Il s'avère que le locataire est très ouvert à ce constat. Il est tout à fait prêt à aider son papa à prendre conscience de sa situation et à l'aider à aller vers la lumière.

Le papa étant reconnu, il ne se manifeste plus et je peux reprendre l'analyse, malgré mon incompréhension face à cette flaque d'eau. Je trouve une gêne vers la tête du lit du fils (au-dessus de la flaque). Le locataire m'explique qu'un peintre avait posé une feuille de plomb, sous la tapisserie, pour supprimer tout risque de condensation, mais le plomb gêne jusqu'à 30 centimètres du mur. La tête de l'enfant est donc dans une zone perturbée.

Pour éviter ce problème, je propose de déplacer son lit, ce qui, par rapport aux spécificités de la chambre, est possible et réalisé immédiatement. Le reste de l'appartement ne présente rien de particulier.

On se quitte ainsi et il est convenu que mon client me contactera si nécessaire pendant la période de travail concernant son père. Lorsqu'il aura terminé, il m'appellera pour effectuer un contrôle.

Je suis navré de ne pas avoir trouvé la provenance de l'eau, mais il faut reconnaître ses limites.

Le lendemain matin, mon client me téléphone et me dit: « J'ai compris la provenance de l'eau, c'est mon père qui s'exprime ! La flaque d'eau est, ce matin, pour la première fois, dans l'autre coin de la pièce ! C'est-à-dire toujours sous le lit de mon fils, étant donné qu'on a déplacé son lit ensemble hier. »

Eh bien, tout s'explique ; c'est un constat, mais je n'avais jamais vécu cela et cette hypothèse ne m'a pas effleuré un quart de seconde. J'avais totalement dissocié les deux sujets ! Même si je me suis rappelé après-coup avoir eu une sensation étrange en voyant une photo encadrée. C'était une photo du père, mais j'évite de me faire des idées trop rapidement.

Quelque temps plus tard, après avoir fait son travail d'aide envers son père, mon client me téléphone et m'informe du résultat : plus aucune trace d'eau n'est apparue et, en contrôlant en radiesthésie, je constate que son père a bien poursuivi son chemin.

Bel exemple de la faculté que peut avoir une présence pour trouver un moyen de se faire reconnaître : matérialiser de l'eau sous le lit de son petit-fils ! Et cela sans aucune volonté de nuire, uniquement celle de se faire reconnaître !

Le résultat de ce mode d'expression n'a pas été très rapide, mais il a fonctionné. Il est vite fait de passer à côté de la compréhension d'un phénomène, c'en est un bel exemple !

Situations ressenties physiquement

LA JEUNE FILLE QUI, LA NUIT, SE TAPAIT LA TÊTE CONTRE LE MUR

Un couple avec deux enfants me demande d'analyser la maison où ils ont emménagé il y a quelques mois. Leur fille adolescente dort très mal et réveille toute la famille en se tapant la tête contre le mur, elle n'en a pas conscience, cela se passe durant son sommeil. Ce phénomène a commencé à se produire peu après leur emménagement.

Ils sont installés dans une villa très classique, construite il y a environ vingt ans, dans la zone « villas » d'un village. Visuellement, pas de facteurs de risque : ligne HT ou antenne de téléphonie mobile par exemple.

Je commence toujours mes analyses par la pièce pour laquelle on me fait venir, dans ce cas, la chambre de l'adolescente. D'emblée, je perçois un problème de présence. Cette présence pourrait être liée à la famille, à la maison, ou à d'autres origines. Dans ce cas, en contrôlant, je constate qu'elle est liée à la maison.

À travers un dialogue soutenu avec les parents, une piste apparaît: ils ont acheté cette maison à un couple qui voulait changer de cadre de vie après le décès de leur fils dans un accident de moto. Le couple de nouveaux propriétaires connaissait l'histoire et le nom du jeune homme. Je contrôle: c'est bien lui qui est encore présent.

Je leur explique comment faire pour aider ce jeune à comprendre qu'il est mort et à poursuivre son chemin vers la lumière.

Ils comprennent bien cette démarche et sont prêts à l'aider. Je contrôle toujours si les gens chez qui je suis peuvent faire ce travail par eux-mêmes. Dans ce cas, c'est un non très franc. Ils peuvent le réaliser, mais pas seuls! Je poursuis ma recherche pour savoir avec qui ils doivent faire cette démarche. Assez logiquement, c'est avec les parents du jeune homme.

Heureusement, lors de la vente, ils avaient bien fait connaissance avec les anciens propriétaires, et ils étaient d'accord pour aller leur parler de ce constat et de la démarche inhérente à entreprendre. Démarche à faire en commun autant que possible, mais les personnes les plus importantes étaient, bien sûr, les parents du jeune décédé. Je leur ai proposé d'aller avec eux, mais ils n'ont pas jugé cela nécessaire.

Dans un contact ultérieur, j'ai appris que cette rencontre s'était bien passée. Ils ont appris que le jeune était décédé à la suite d'un choc en pleine tête, lors de son accident. Le jeune motard occupait la chambre de l'adolescente qui se tapait la tête en dormant!

Les parents du jeune ont bien compris la démarche, les deux couples se sont mis d'accord pour l'accomplir, chacun de leur côté, mais en même temps. En contrôlant en radiesthésie à distance, j'ai constaté que le jeune motard avait enfin pu lâcher prise avec le plan physique.

Dans ce domaine, chaque situation est unique. Pour cette fois-ci, il me paraît tout à fait logique d'avoir impliqué les parents du jeune motard, ainsi que les parents de la jeune fille qui occupait sa chambre, car c'est à travers son comportement que la situation a été mise en évidence.

LA FEMME QUI AVAIT DE FORTES DOULEURS AU BAS-VENTRE

Il s'agit là de l'amie d'une femme qui avait très bien vécu un travail d'aide pour un parent décédé. Après qu'elles en avaient parlé ensemble, cette femme décide de prendre contact avec moi directement, sans passer par une analyse de géobiologie. Elle me dit souffrir de douleurs très fortes au bas-ventre, à droite. Aucun examen n'a pu aboutir à un diagnostic, aucune thérapie n'a calmé les douleurs. Lors de notre entretien, je lui précise que je ne peux établir aucun diagnostic médical, ce n'est absolument pas mon domaine. Elle en est bien consciente mais désire que j'examine le côté familial, pour savoir s'il ne restait pas un lien avec une personne décédée. La demande était donc claire. Dans ce que je perçois de son niveau vibratoire en radiesthésie, il existerait bel et bien une relation avec une personne décédée.

Sur ses indications, je dessine son arbre généalogique et teste le niveau vibratoire des personnes décédées. Une relation persiste effectivement avec une de ses grands-mères. Je lui demande si elle connaît les circonstances de son décès. « Oui, tout à fait. Elle vivait à la campagne, en élevant des vaches. Au Portugal, on respecte les vaches et on ne leur coupe pas les cornes. Ce sont des vaches avec de grandes et magnifiques cornes. Un jour, une vache a encorné ma grand-mère, qui est décédée des suites de ses blessures. »

Je lui demande si elle sait où se situait la blessure de sa grand-mère. Sans aucune hésitation, cette femme me dit « Là », tout en posant la paume de sa main droite sur son bas-ventre... à droite ! Je lui demande : « Voyez-vous une relation avec vos douleurs ? » Je me souviendrai toute ma vie de son regard, elle était totalement sidérée, incapable de parler. Une fois remise de cette forte émotion, elle me dit : « C'est incroyable, mais je n'ai jamais fait le lien. Cela est évident, c'est exactement l'endroit où ma grand-mère a été encornée, ce qui a été la cause de son décès, et c'est exactement l'endroit de mes douleurs. »

Nous avons bien discuté pour qu'elle soit au clair sur la façon dont elle pouvait aider sa grand-mère à se libérer de son attache avec elle, ce qui était pour elle parfaitement possible et ne lui posait aucun problème.

En la quittant, je lui ai dit de reprendre contact avec moi dans le cas où la diminution de ses douleurs ne serait pas flagrante, une fois la démarche d'aide pour sa grand-mère terminée, afin de contrôler si sa grand-mère avait bien pu se libérer et poursuivre son chemin dans l'au-delà.

Je n'ai plus eu de ses nouvelles, tout serait donc rentré dans l'ordre !

LE JEUNE HOMME ET SA KIPPA

Il s'agissait d'un jeune homme vivant seul en appartement.

Dans cette analyse, j'ai très vite ressenti une présence. Le dialogue avec cet homme a été très ouvert, il a très bien compris la situation qui nécessitait de savoir qui était la personne décédée encore « présente ». Après avoir repéré qu'il s'agissait d'un problème familial, nous avons travaillé sur son arbre généalogique et compris qu'il s'agissait uniquement de son père.

Il a bien pris cette nouvelle. Il était prêt à aider son père. Je lui ai donné les conseils pour effectuer cette démarche. Comme il était juif pratiquant, j'ai pensé que ce serait une bonne chose qu'il parle de cette démarche à son rabbin et lui demande conseil. Son rabbin a trouvé la démarche tout à fait correcte et lui a recommandé, en complément de mes conseils, de lire à son père certains rituels spécifiques.

Quelque temps après notre rencontre, cet homme me téléphone pour m'informer qu'il a terminé le travail d'aide et d'accompagnement pour son père. En contrôlant, je constate que son père a bien lâché les liens qui l'empêchaient de poursuivre son chemin.

Cet homme tenait à me faire part de l'incident qui s'est produit lors du premier moment d'aide : en commençant à parler à haute voix à son père, il a brusquement ressenti une douleur bien marquée au sommet de la tête (à l'emplacement du chakra coronal). Une vision lui est venue : sa kippa ! Il est allé la chercher, l'a mise sur sa tête. Immédiatement, la douleur a disparu et il a pu poursuivre sa démarche sans gêne.

C'est une jolie histoire, un constat ! Comme quoi le respect des rites et des coutumes peut être important, même si leurs sens nous échappent.

UNE FEMME SE RETROUVE SANS L'USAGE DE SES JAMBES

Il s'agissait d'une femme travaillant dans le domaine des soins et vivant seule dans un appartement. Sa démarche fait suite à une période qu'elle a vécue avec un sentiment de malaise inexplicable.

Cette analyse est parmi les premières où j'ai très vite ressenti une présence, et son souvenir reste très présent.

Le dialogue avec ma cliente a été très ouvert, elle a très bien compris la situation qui nécessitait de savoir qui était la personne décédée encore « présente ». Après avoir repéré qu'il s'agissait d'un problème familial, nous avons travaillé sur son arbre généalogique et compris qu'il s'agissait uniquement de son père. Elle a été parfaitement d'accord pour faire un travail d'aide pour son père. Elle trouvait cette démarche très belle et elle était très heureuse d'apprendre qu'elle pouvait l'aider. Le travail était prévu sur plusieurs jours de suite, à des heures régulières. Elle allait travailler seule, mais j'étais disponible si elle avait des questions ou besoin d'aide.

Quelques jours plus tard, elle me téléphone pour m'annoncer qu'elle est clouée au lit et qu'elle a perdu l'usage de ses jambes après le deuxième moment d'aide pour son père ! Vous comprendrez sans peine que je me sois senti assez mal à l'aise !

J'ai eu une bonne intuition en lui demandant: « Dans quelles circonstances votre père est-il décédé? » Nous n'avions pas abordé ce point dans notre discussion antérieure. Sa réponse m'a laissé pantois: « Mon père avait un diabète très important et il avait été amputé des deux jambes. »

Tout en cherchant quels conseils lui donner, je lui ai demandé si elle recevait de l'aide pour ses repas et le soutien indispensable dans cette situation. Une amie était venue vivre chez elle, à disposition pour l'épauler, c'était déjà une bonne chose. Ensuite, j'ai été très surpris de m'entendre lui répondre: « Je vous conseille de poursuivre votre travail d'aide, ce problème est transitoire. »

Cette réponse m'est venue sans réflexion, mais s'est révélée parfaitement juste. Elle a retrouvé l'usage de ses jambes en quelques jours et a ensuite poursuivi la période d'aide pour son père très sereinement.

Depuis que je côtoie ce genre de phénomènes, c'est la seule fois où des effets aussi importants ont été vécus par une personne.

Ce qui m'a le plus marqué dans cette expérience, c'est le genre de dédoublement que j'ai expérimenté: dans un même temps, j'ai paniqué lorsqu'elle m'a annoncé qu'elle était clouée au lit, mais cela ne m'a pas empêché de lui répondre calmement et avec assurance: « Je vous conseille de poursuivre votre travail d'aide, ce problème est transitoire. »

Situations avec manifestations visibles

LA PETITE FILLE QUI VOIT UN MONSIEUR DANS SA CHAMBRE

Il s'agit d'un couple portugais habitant un bâtiment locatif neuf en banlieue.

Ils souhaitent une analyse car leur fille, âgée de quatre ou cinq ans, a des problèmes de sommeil.

Dans la chambre de la fillette, une présence est repérée, ce qui correspond parfaitement à ce qu'elle-même disait. Elle raconte en effet « voir un monsieur dans le fauteuil », ce qui lui fait peur et perturbe son sommeil. Il s'avère qu'il s'agit d'un de ses grands-pères portugais, côté paternel. Ce monsieur est décédé au Portugal, de mort naturelle, à un âge très avancé. Avec beaucoup de regrets, la famille n'a pas pu se libérer pour aller à son enterrement. Ils en ont été très contrariés et entrevoient une relation directe avec le fait que le grand-père n'ait pas pu se retrouver dans la lumière.

Lorsqu'ils comprennent qu'ils peuvent lui parler et l'accompagner sur son chemin, ils sont très soulagés et envisagent d'entreprendre ce travail. Celui-ci a porté ses fruits. Depuis, leur fillette passe des nuits calmes.

Puisqu'ils culpabilisaient de n'avoir pas assisté à la messe d'enterrement, je leur propose, pour les prochaines vacances, d'aller au Portugal et de demander au curé de la paroisse du grand-père une messe pour lui. C'est ce qu'ils ont fait lors des vacances suivant le travail d'aide.

Je suis intervenu à plusieurs reprises chez des clients portugais, et j'ai été à chaque fois surpris par la facilité avec laquelle ces situations sont abordées et résolues.

Les témoignages de visions de personnes décédées sont assez fréquents et bien décrits dans divers ouvrages. Selon l'appellation communément admise, ce sont des vécus subjectifs de contact avec un défunt (VSCD). Dans ces situations visuelles de VSCD, la personne décédée apparaît rayonnante et dans la fleur de l'âge, qu'il s'agisse de personnes âgées ou d'enfants ! L'apparition n'a lieu, dans la majorité des cas, qu'une seule fois.

Dans ce témoignage-ci, la fillette voyait son grand-père presque toutes les nuits et la description était celle d'un vieil homme, ce qui permet d'en déduire, entre autres, que sa renaissance dans la lumière n'avait pas encore eu lieu.

Lors de mon contrôle en radiesthésie, avant que les parents fassent le travail d'aide, ce n'était en aucun cas une personne rayonnante ayant rejoint la lumière.

SUR LE TERRAIN D'UNE ANCIENNE SCIERIE

Une dame me demande d'analyser un terrain avant une construction. Nous faisons le tour et je vois que le terrain a été nivelé au trax, au niveau d'un ancien dallage en béton. La dame m'explique qu'il y avait, à cet emplacement, une scierie qui a brûlé. Elle veut construire une maison d'habitation, mais elle désire être certaine « qu'au niveau géobiologique, ce terrain est satisfaisant ».

J'entreprends l'analyse. Je ressens une perturbation marquée sur toute la parcelle. En recherchant la cause de cette perturbation, je constate un problème de présence, ce qui n'est pas très courant sur un terrain.

La dame écoute mes explications et, au vu de la pluie, elle m'invite à aller chez elle pour de plus amples informations. Sa maison d'habitation jouxte ce terrain.

D'abord, elle dit à haute voix, autant pour elle que pour moi : « Ainsi, c'est bien vrai. » Puis elle se ressaisit et m'explique que la scierie, qu'elle exploitait elle-même depuis le décès de son mari, a brûlé alors qu'elle était en service. Un des ouvriers est sorti, en panique totale, et lui a hurlé : « Patronne, j'ai vu le patron dans les flammes. »

Pas besoin de chercher bien loin : la présence ressentie était bien celle du mari. Il était décédé brutalement de nombreux mois auparavant, à l'autre bout de la planète. Cela montre bien que pour les personnes désincarnées, le temps et l'espace n'existe plus comme pour nous. Cette dame, avant d'entreprendre les travaux de construction, devait donc aider son mari à poursuivre son chemin, ce qu'elle a bien compris et était prête à faire.

Lorsque plusieurs personnes sont concernées

MA PREMIÈRE SITUATION AVEC UNE COMPLICATION

Il s'agit d'une analyse de géobiologie classique, suscitée par un certain mal-être éprouvé par un homme qui souffre aussi de troubles du sommeil. Assez rapidement, un problème de présence apparaît. C'était parmi les premières fois où je mettais ce genre de problème en évidence en menant une analyse.

Tout se passe bien, les gens sont tout à fait ouverts, et je constate assez facilement que c'est le père de mon client qui se manifeste. Nous étions dans la maison de famille où cet homme était décédé.

Mes clients comprennent bien la démarche d'aide que je leur propose et sont prêts à la réaliser.

Une fois cet aspect développé, je peux reprendre l'analyse de la maison, sans être gêné. Hormis la « présence » du père, il n'y avait pas de problème majeur qui pouvait expliquer les troubles du sommeil ni le mal-être de mon client.

En les quittant, je leur demande, comme à mon habitude, de prendre contact avec moi si les troubles constatés persistent, passé un certain délai. Sinon, il n'est pas indispensable de me téléphoner. En effet, dans ce genre de démarche, aucune certitude n'est acquise, seul le résultat compte.

Deux semaines plus tard, le monsieur me téléphone et me dit : « On a fait le travail d'aide comme vous nous l'avez conseillé, mais je ne vois aucune amélioration, plutôt le contraire. » Nous convenons d'un nouveau rendez-vous, durant lequel je constate que le père de mon client est toujours relié au plan physique. En reprenant l'arbre généalogique, je remonte une génération plus haut et constate qu'une aide devrait aussi être réalisée pour le grand-père qui avait construit la maison. Ce grand-père n'était pas présent comme son fils, mais il était relié à lui et il fallait les aider ensemble, ce que je leur ai conseillé.

Cet homme n'a plus repris contact avec moi. Il est donc probable que sa situation s'est améliorée.

C'était la première fois que je prenais conscience que pour pouvoir aider une personne, il faut parfois en aider plusieurs. Dans ce cas, le père de mon client devait avoir conscience du problème de son propre père, qui ne pouvait pas poursuivre son chemin seul ! Depuis ce jour, lors du travail sur un arbre généalogique, je pose toujours la question : « Cette personne peut-elle être aidée seule ? » Si n'est pas le cas, je poursuis la recherche, en radiesthésie, pour savoir quelle personne doit être associée pour entreprendre une démarche d'aide efficace.

Parfois, bien sûr, il faut aider plusieurs personnes, mais séparément, et là, j'étudie les priorités.

C'est ainsi que, expérience après expérience, j'ai avancé sur ce chemin.

LORSQU'IL FAUT FAIRE UNE RÉUNION DE FAMILLE DANS L'INVISIBLE

Une dame d'un certain âge, d'origine allemande, me demande une analyse de son logement, à la suite du conseil donné par une énergéticienne. Il s'agit d'un bel appartement, dans un quartier tranquille, meublé avec sensibilité, la dame est très soignée et cultivée.

Très rapidement, je constate un problème de présences. La dame est ouverte et elle est parfaitement d'accord pour que nous en recherchions ensemble l'origine. Il s'agit d'un problème familial, concernant plus précisément son père et ses trois frères. Elle me raconte leur histoire dramatique: cette famille allemande vivait au Danemark en 1939. Son père devait renouveler le permis de séjour de la famille, dans un certain délai, à la fin de 1939. Pris par divers problèmes, il a laissé passer le délai de quelques jours. Après l'expiration de ce délai, au vu des tensions internationales, son permis de séjour n'a pas pu être renouvelé et la famille a dû quitter le Danemark pour rentrer en Allemagne.

Là, les trois fils, en âge d'aller à l'armée, ont été mobilisés. Les trois jeunes hommes ont été tués. Un en Russie, un autre en Afrique et le dernier, probablement en France. Le père, lui, est décédé quelques années après la guerre, avec de brûlants remords pour n'avoir pas fait renouveler le permis de séjour de la famille dans les délais ! Le cas échéant, la famille aurait pu rester au Danemark et ses fils ne seraient pas morts à la guerre.

En étudiant avec cette femme comment les aider, je constate qu'il fallait travailler sur les quatre en même temps, après les avoir « contactés » et réunis. En effet, il me semblait comprendre qu'ils étaient tous enfermés dans une bulle ou un espace, sans contact les uns avec les autres !

Le travail d'aide a donc été prévu ainsi : un début qui servirait à tous les réunir et la suite pour les aider ensemble. C'est ainsi qu'une réunion de famille a eu lieu, une personne présente, de notre côté du voile, et quatre autres de l'autre côté.

C'est avec ce cas, notamment, que je me suis bien rendu compte que, de l'autre côté, les personnes qui ne sont pas dans la lumière ne semblent pas pouvoir communiquer entre elles.

UNE FEMME ET SA MÈRE SE RÉCONCILIENT, GRÂCE AU PÈRE QUI ÉTAIT TOUJOURS PRÉSENT

La demande d'analyse vient de la part d'une femme seule, sans justification particulière si ce n'est un certain mal-être.

Comme dans toutes les situations où il y a une ou des présences, c'est ce qui apparaît en premier dans mon travail, la priorité à étudier, afin que les personnes décédées soient reconnues et que je puisse poursuivre l'analyse.

Cette femme comprend bien le constat. Nous recherchons quelle personne est ressentie comme encore présente sur le plan physique. Il y a une seule personne repérée et c'est son père. Je lui explique ce qu'elle peut faire pour l'aider. Elle envisage tout à fait cette démarche, elle se sent prête. Mais lorsque je contrôle si elle peut effectuer cette démarche seule, la réponse est non. Elle doit faire cela avec sa mère, l'épouse du monsieur décédé. Sa réaction est très forte : « Impossible, vous n'y pensez pas, cela fait dix ans que nous ne nous parlons plus. »

Me voilà bien emprunté ! Mais je tente de lui suggérer que c'est peut-être bien cette brouille entre elles qui retient son père. Il s'agit d'une hypothèse plausible. Un peu contrariée, elle me dit qu'elle va y réfléchir.

Je l'informe que je suis prêt à rencontrer sa mère, mais elle préfère faire cette rencontre seule, lorsqu'elle se sentira prête.

Je continue l'analyse, sans rien repérer d'autre qui pourrait être à l'origine de son mal-être.

Un bon mois plus tard, cette femme me téléphone, tout heureuse. La rencontre avec sa mère a eu lieu et elle s'est bien passée. L'objectif d'aider, pour l'une son mari, pour l'autre son père, leur a permis de se retrouver et de faire ce travail d'aide, avec amour, malgré leur mésentente antérieure.

En contrôlant, je constate que cet homme a bien réussi à lâcher prise sur le plan physique et à poursuivre son chemin.

Après cela, les deux femmes se sont vues à plusieurs reprises et ont ainsi pu renouer leurs liens.

Cette situation montre bien l'imbrication qui existe entre les personnes vivantes et celles qui, décédées, n'arrivent pas à lâcher prise. Il s'agit bien souvent de problèmes relationnels ou matériels non réglés.

QUAND LES QUATRE ENFANTS DOIVENT AIDER LEUR PÈRE

La demande d'analyse vient d'un homme souffrant d'un mal-être depuis plusieurs années.

En travaillant chez lui, je constate très rapidement une gêne liée à une « présence », ce qui ne le surprend guère. Nous étudions cette situation ensemble sur son arbre généalogique et il s'avère qu'il s'agit de son père. Il admet bien ce constat. Il était suivi par un psychologue depuis un certain temps. Le travail avec celui-ci tournait autour de la perte brutale de son père, qui s'était suicidé avec son mousqueton de soldat lorsque ce client était jeune[1].

Malgré le travail réalisé autour de ce deuil avec son psychologue, l'homme ne voit pas vraiment d'amélioration de son état, d'où la demande d'une analyse géobiologique de son logement.

Le travail d'accompagnement au niveau psychologique était tout à fait justifié, mais il était valable uniquement pour lui. Lorsqu'un lien persiste entre une personne décédée et une personne vivante, un lien relie les deux personnes comme avec un cordon. Il fallait donc aussi faire un travail d'accompagnement pour le père, qui

1. En Suisse, chaque homme qui a fait son service militaire a son arme chez lui. Il avait aussi, à l'époque, une boîte de cartouches.

n'avait pas pu se détacher du plan physique et ne pouvait pas accéder à la lumière pour poursuivre son chemin.

Son fils, avec qui le père était très lié, ressentait toujours une gêne. Cet homme comprend très bien le travail d'aide que je lui propose d'effectuer pour accompagner son père. Il est prêt à l'entreprendre, mais peut-être que cela n'aurait pas été le cas avant le travail sur le deuil fait avec son psychologue...

En contrôlant en radiesthésie s'il pouvait faire ce travail seul, je constate que ce n'est pas possible. Il était le seul fils de son père, mais pas le seul enfant ! Il avait trois sœurs... et le travail devait, dans ce cas, se faire avec les quatre enfants.

Je suis souvent un peu inquiet dans ce genre de situation. Les sœurs seront-elles prêtes à mener un travail aussi particulier, alors qu'elles ne me demandent rien ? L'homme ne se sentait pas très à l'aise pour leur expliquer la situation, alors je lui propose de rencontrer ses sœurs avec lui, ce qu'il accepte, soulagé. Cette rencontre se passe très bien, les trois sœurs s'expriment et témoignent qu'elles ne ressentent aucune gêne, mais sont très heureuses de pouvoir participer à une aide, tant pour leur frère que pour leur père. Elles étaient très peinées de voir leur frère déprimé depuis plusieurs années. Ils effectueront tous le travail d'accompagnement en même temps, chacun chez soi.

Chaque situation est unique. Dans cette famille, toute la fratrie doit participer à la démarche. Dans d'autres, c'est une seule personne. Parfois, il faut impliquer plusieurs générations.

Chaque démarche d'aide doit être adaptée, rien n'est reproductible, si ce n'est une direction générale.

Situations très anciennes

LORSQU'IL FAUT REMONTER JUSQU'AU XVIe SIÈCLE

L'histoire se passe autour d'une abbatiale où des travaux de restauration importants débutent. Une jeune restauratrice d'art est engagée pour participer aux travaux, qui vont durer plusieurs années. Elle décide de se trouver un logement sur place et déniche une belle petite maison ancienne. Elle y emménage. Mais sa première nuit, elle la passe recroquevillée dans un coin, terrorisée par le nombre de personnes qu'elle « voit circuler » dans son logement.

Pas besoin de lui expliquer longtemps ce qu'il se passait ! Elle avait bien compris, mais ne savait que faire, et elle avait déjà signé le bail. Au moment de la signature, la propriétaire avait précisé : « Je vous loue le logement, mais la cave ne fait pas partie du bail, elle n'est pas disponible et vous ne devez pas y aller. » Remarque étrange, d'autant que la clé de cette cave était avec les autres.

Bien sûr, après qu'elle m'a transmis cette information, nous allons à la cave!

Une fois la porte ouverte, nous trouvons un spectacle étrange: un gros trou au milieu de la cave et, à côté, un tas de terre. Je regarde cela en détail. Dans le tas de terre, on voyait divers ossements. Il s'agissait d'une fouille dans une fosse commune! Les personnes n'avaient pas été déposées là avec soin ou respect, je voyais une partie de colonne vertébrale presque verticale avec une partie du crâne en bas. On comprend facilement d'où venaient les personnes qui se promenaient dans le logement!

Pour calmer un peu la situation, je dis à ces personnes: « Je comprends votre peine, on va vous aider, restez confiants. »

On referme la porte et on va discuter tranquillement dans le logement. La jeune femme a tout compris, mais que faire? Je regarde ce que je peux avoir comme informations en décodant au mieux: il s'agirait d'une fosse commune datant du XVIe siècle (la période des épidémies de peste). Probablement des gens qui avaient fui devant l'épidémie. Dans ces situations, les pestiférés étaient maintenus à l'extérieur des villages et il était classique de les enterrer dans des fosses communes, en dehors des cimetières. Je peux comprendre la situation, mais de là à les mettre tête en bas dans la fosse commune... On n'est pas surpris que bon nombre d'entre eux aient été bloqués dans leur cheminement *post mortem*!

Comment agir? La solution qui semblait convenir, c'était de trouver un curé et de procéder à une messe, car ces personnes venaient probablement d'une région catholique. Mais où trouver un curé prêt à comprendre une telle situation?

La jeune femme me dit: « Je vais bientôt skier au Grand-Saint-Bernard, l'hospice est tenu par des frères fort sympathiques, je vais aborder le sujet et je reprendrai contact avec vous. »

Elle me rappelle peu de temps après pour fixer un entretien avec un curé et me raconte comment elle l'a rencontré. Moins d'une semaine après notre rencontre, un groupe de personnes est venu visiter le chantier de restauration auquel elle collabore et ils sont ensuite allés déjeuner tous ensemble. Durant le repas, elle se trouve à côté d'un grand homme barbu au physique impressionnant, digne d'un joueur de rugby. Il était venu avec une amie. En discutant amicalement, ma cliente lui demande: « Que fais-tu comme job? » Et c'est ainsi qu'elle apprend qu'il est curé. Belle synergie! Elle lui raconte ce qui lui arrive et cet homme lui propose de prévoir un rendez-vous pour que nous fassions connaissance et mieux comprendre la situation.

La rencontre a lieu peu après. Le courant passe très bien, le curé est prêt à mettre sur pied une cérémonie de circonstance et nous fixons une date tout de suite.

Quelque temps plus tard, nous nous retrouvons dans la cave, l'occupante des lieux, le curé et moi-même. Le curé est venu avec sa chasuble et son matériel pour la messe. Nous discutons un moment de la cérémonie, nous mettons de la musique et faisons brûler de l'encens. Le curé procède à la messe et dit son homélie, inspirée de celle que Jean XXIII avait faite à Auschwitz. La locataire et moi-même transmettons chacun un message d'accompagnement aux « occupants » de la fosse commune. À la suite de quoi, nous prenons chacun une pelle et remblayons la fosse commune, le curé la bénit et nous quittons la cave. Après cet épisode, la restauratrice d'art a pu rester dans la maison sans être dérangée. Quant au curé, nous nous sommes revus plusieurs fois dans diverses situations, une belle relation s'est établie entre nous.

Pourquoi un curé, et en plus à la demande d'un géobiologiste descendant des huguenots ? Mon hypothèse est fondée sur une réalité connue : les réfugiés de la peste venaient pour la plupart de la France voisine, région en très grande majorité catholique. Des croyants bien ancrés dans leurs rituels (quels qu'ils soient), une fois de l'autre côté du voile, attendent les rituels en relation avec leur foi. Dans cette situation, ils n'avaient certainement pas reçu l'extrême-onction et aucune messe n'avait été dite pour eux : ils pouvaient très bien être bloqués et attendre...

C'est une hypothèse intuitive, mais j'ai l'intime conviction qu'une fois de l'autre côté, beaucoup de personnes ne savent que faire, ni où aller.

Par deux fois, j'ai croisé le chemin de pasteurs protestants qui étaient restés chez eux après leur décès et qui, probablement, étaient dans une situation de « repos éternel », comme la majorité des pasteurs l'enseignent. L'un d'eux me semblait même être dans le fauteuil de sa bibliothèque en train de relire ses traités de théologie.

Une personne profondément convaincue qu'après la mort vient le repos éternel prendra une position de repos. Une autre, convaincue qu'après la mort il n'y a plus rien, risque de se retrouver dans un grand trou noir !

Notre société a encore de grands progrès à faire pour accompagner les personnes décédées de l'autre côté.

Par ailleurs, avant d'accompagner les personnes décédées, nous pouvons faire de belles choses en accompagnant les personnes en fin de vie, ce qui peut déjà bien préparer le passage.

LORSQU'IL FAUT REMONTER JUSQU'À DES AÏEULS POUR COMPRENDRE D'OÙ VIENT UNE GÊNE

Cette analyse est demandée par un couple qui rencontre des difficultés avec son petit enfant. Ils vivent en appartement et leur petit garçon a de sérieux problèmes de sommeil. Une situation classique, car les petits enfants sont très sensibles aux diverses perturbations d'un lieu.

Dans toutes les analyses, je commence par la chambre à coucher de la personne pour laquelle on me fait venir, ici la chambre du petit garçon. Je repère une cause de gêne liée à un paramètre « présence ». J'explique la situation à la mère, qui paraît bien comprendre. Pour en discuter et décoder le problème, nous nous installons autour de la table. Le premier décodage permet de saisir qu'il s'agit d'une relation familiale. Je dessine l'arbre généalogique selon les indications de ma cliente, afin de déterminer, en détail, quelles sont la personne ou les personnes décédées qui se manifestent. Il a fallu remonter cinq générations pour repérer une personne : c'était l'arrière-grand-mère de ma cliente.

À l'annonce de cette révélation, elle est interloquée, reste bouche bée. Je lui demande si cela va et, après un petit moment, elle me répond : « Alors là, je commence à comprendre bien des choses ! Je vous explique : mon fils, dès sa naissance, a été absolument ingérable. Dès que je voulais le baigner, il faisait des crises terribles. J'ai vite arrêté les bains et j'ai même de la peine à le laver avec une lavette mouillée. Il y a probablement un lien entre mon arrière-grand-mère et mon fils. En fait, mon arrière-grand-mère, ses trois sœurs et leurs parents ont vécu un terrible naufrage auquel seule mon arrière-grand-mère a survécu. »

Il va sans dire que ma cliente n'a pas hésité lorsque je lui ai proposé d'effectuer un travail d'aide pour son arrière-grand-mère.

En étudiant en détail ce travail d'aide, j'ai repéré que même si la gêne directe sur l'enfant venait de son arrière-grand-mère, il fallait aussi associer les sœurs et les parents de celle-ci.

Ce cas de figure est assez courant. Je l'ai découvert dans des situations où le résultat de l'aide n'était pas là, il fallait étendre la recherche aux proches du défunt avec qui il était lié, et faire le travail d'aide pour plusieurs personnes, afin qu'elles se retrouvent et fassent le chemin vers la lumière ensemble.

Cela semble beaucoup, cinq générations, mais il faut être conscient que « de l'autre côté du voile », le temps n'existe plus.

Situations particulières

L'HOMME QUI NE VOULAIT PAS PARTAGER MON CONSTAT AVEC SON ÉPOUSE !

Un homme que je connaissais de très longue date, et que j'avais perdu de vue, prend contact avec moi pour analyser sa grande maison, sans que je comprenne comment il avait eu mes coordonnées et connaissait mon travail actuel !

Ce qui apparaît en premier, c'est le lien persistant avec une personne décédée. À la suite de notre discussion, je comprends qu'il a perdu son épouse dans un accident de voiture il y a plusieurs années. Toutes les démarches juridiques et d'assurances consécutives à cet accident sont bloquées dans des difficultés incompréhensibles. C'est assez courant lorsque la personne décédée est encore très connectée au plan physique. Pour cette dame, je pense même qu'elle n'avait pas conscience qu'elle était décédée, ce qui peut arriver après un décès très brutal.

J'explique à cet homme le travail qu'il peut faire pour aider sa femme à trouver le chemin de la lumière. Il comprend. Il est prêt à envisager cette démarche. Mais, en étudiant comment il devrait s'y prendre, je saisis qu'il ne peut pas le faire seul. Intuitivement, je comprends qu'il doit associer son épouse à ce travail. Là, je ne sais plus du tout où j'en suis ! Sentiment assez inconfortable.

Nous discutons de cette situation étrange et il m'explique qu'il s'est remarié, ce que je n'avais pas saisi. Il ajoute qu'il est absolument exclu qu'il parle de cette situation à sa nouvelle épouse. Selon lui, elle ne pourrait pas du tout aborder cette démarche !

La situation ne se simplifie guère. S'ensuit une discussion durant laquelle je tente de lui faire comprendre qu'il se met dans une situation très délicate pour son couple, et qu'il est même probable qu'il n'arrive pas à aider sa première épouse dans ces circonstances.

À la longue, il accepte ma proposition d'en discuter, pour autant que ce soit moi qui explique à sa seconde épouse ce que j'ai constaté. Celle-ci était dans la maison, elle avait fait en sorte de passer inaperçue... Il va la chercher.

Cette femme est tout à fait à l'aise et n'intervient pas lorsque je lui explique mon constat et la démarche que je leur propose pour aider la première épouse. Et là, je ne m'y attendais pas du tout, elle dit en me regardant par-dessus ses lunettes : « Mais vous croyez que vous êtes là pour quoi ? Je suis parfaitement au courant que nous sommes en quelque sorte deux femmes dans cette maison. Mais je ne pouvais absolument pas en discuter avec mon mari ! »

J'en suis très surpris et soulagé. Elle m'explique que c'est elle qui a proposé à son mari de me faire venir, prétextant un mauvais sommeil. Elle espérait que je repère, comme elle, la présence de la première épouse et que je puisse dénouer cette situation étrange. Venant d'une personne extérieure au couple, en effet, le constat est passé et ils ont pu en discuter.

Je me suis cru à un moment dans une pièce de Feydeau, mais tout était très sérieux ! L'ambiance s'est détendue et ils ont pu, ensemble, envisager ce travail d'aide, malgré les non-dits précédents.

LE CAS OÙ UN TRAVAIL D'AIDE A PU ÊTRE DÉLÉGUÉ

Il s'agit d'une demande d'analyse venant d'un homme pour lequel j'ai déjà travaillé plusieurs fois, la relation est aisée.

Il vient d'acheter la maison de ses rêves, nous la visitons et c'est vrai qu'elle est belle, avec une situation très privilégiée. De gros travaux sont envisagés. L'ancien propriétaire est en train de terminer de trier les affaires qui étaient encore dans cette maison. En débutant l'analyse des lieux, une ou des personnes décédées sont ressenties. Assez rapidement, il apparaît qu'il s'agit d'une dame très âgée qui a passé toute sa vie dans cette maison.

L'homme qui m'a fait venir connaît bien la situation; c'est un de ses amis, le petit-fils de la dame très âgée, qui lui a vendu la maison qu'il avait reçue en héritage à la suite du décès de sa grand-mère, dont il s'était occupé durant les dix dernières années de sa vie. Le nouveau propriétaire serait prêt à aider cette dame à lâcher prise sur le plan physique, mais c'est son petit-fils qui devrait l'aider. C'est somme toute très logique et plein de bon sens.

Il s'agit de contacter cet homme et de discuter avec lui.

Cela ne pose aucun problème à mon client, qui me dit : « C'est un ami, il habite à côté, je vais le chercher, on verra bien sa réaction. » L'ami arrive, m'écoute attentivement, et lorsque je lui demande s'il peut envisager d'aider sa grand-mère, il me répond avec une grande sincérité : « Cela me paraît difficile de parler à haute voix à ma grand-mère. Comment pourrais-je l'inciter à poursuivre son chemin vers la lumière alors que, pour moi, après le décès, il n'y a plus rien ? » Voilà une réponse claire et honnête, alors comment faire ?

Cela peut paraître surprenant, mais je n'ai jamais rencontré ce cas de figure. Il faut trouver une solution ! Je lui demande s'il serait d'accord pour déléguer ce rôle à son ami, à qui il vient de vendre cette propriété. « Je n'y vois aucun inconvénient. Vu sa conception de la vie après la mort, il est beaucoup plus habilité que moi pour faire ce travail. »

En contrôlant en radiesthésie cette nouvelle donnée, il apparaît tout à fait possible pour le nouveau propriétaire de faire ce travail d'aide. Il suffit, en conscience, de passer le relais. Le nouveau propriétaire est tout à fait d'accord et fera le travail d'aide avec un bon résultat.

Je suis retourné sur place après la fin des travaux, la grand-mère était bien libérée et je suis certain qu'elle était contente de la façon dont sa maison avait été restaurée, avec goût et respect pour le passé.

INFLUENCE DU PASSÉ SUR DES DÉCISIONS ACTUELLES

Un jour, une dame âgée m'a demandé une analyse pour une splendide propriété dans un très beau parc. C'est un peu le « château » du village ! Elle en est propriétaire par héritage familial. Elle m'explique la situation qui a suscité ma venue.

Cette dame est veuve, elle a trois fils qui ont grandi dans cette maison. Chacun est marié et a des enfants. Les trois fils aiment cette propriété et ont envie qu'elle reste dans la famille pour y habiter un jour à leur tour. Leur mère, après des discussions communes, avait chargé l'un d'eux, architecte, de monter un projet pour savoir si ce souhait était réalisable. Il s'est trouvé que la maison actuelle se prêtait très bien à accueillir deux familles, mais pas trois. La seule solution aurait été de construire une maison neuve indépendante pour la troisième famille. Tout le monde était d'accord et trouvait bien que le fils architecte réalise pour sa famille un projet dont ils rêvaient. La mère était ravie de ce projet d'avenir et avait continué d'habiter la maison sans craindre de devoir quitter cette Terre, sachant que ses trois fils pourraient habiter la propriété avec ses belles-filles et ses petits-enfants.

Tout allait donc pour le mieux, sauf que les autorités communales refusaient d'envisager la construction d'une maison dans ce parc, l'argument étant que la maison et le parc étaient classés et qu'ils étaient l'un des éléments importants du patrimoine du village. Elles ne souhaitaient donc pas accorder de dérogation. La dame et son fils architecte ont eu beau discuter, rien n'y a fait.

Lors de ma venue, les projets d'avenir sont bloqués et la dame me demande si je peux faire quelque chose pour débloquer la situation. J'exprime une grande perplexité. Envisager que l'ambiance de la maison change dans le cas où se présente un problème que l'on peut résoudre est réaliste. Mais faire changer d'opinion les autorités me paraît un peu utopique. J'entreprends l'analyse malgré tout, à la demande de cette dame très optimiste.

Assez rapidement, je mets en évidence un problème de présences qu'il faut comprendre avant de poursuivre l'analyse. Il ressort de la recherche généalogique sur la famille qu'il s'agit des deux tantes qui habitaient cette maison avant leur départ pour un autre monde.

La dame est très à l'aise et ouverte, elle est tout à fait d'accord pour parler à ses tantes afin de les « accompagner » pour trouver la lumière et quitter cette maison qu'elles aimaient un peu trop, puisqu'elles ne l'ont pas quittée depuis leur décès, plusieurs années auparavant ! Elle informera ses fils, et ceux qui seront prêts collaboreront à ce travail d'aide, qui devra se poursuivre pendant plusieurs jours.

La suite de l'analyse se poursuit sans éléments particuliers. Il faut croire que les tantes sont satisfaites d'avoir été reconnues, puisque je ne les ressens plus. Mais cela ne veut pas dire qu'elles sont arrivées dans la lumière. Le fait que l'on ait repéré leur présence et qu'elles soient reconnues est positif, mais ce n'est qu'une étape. Le travail d'accompagnement doit encore être fait.

À la fin de l'analyse, la dame est satisfaite, elle reprendra contact une fois le travail d'aide terminé.

Elle me dit que pour son projet bloqué, elle attendra les prochaines élections et réitérera sa demande auprès de la nouvelle municipalité, en espérant un changement de vision.

À peine deux semaines après cette analyse, après que la famille a réalisé le travail d'aide, la dame me téléphone, toute contente de me raconter ce qui vient de se passer : un jour, on a sonné à sa porte, elle est allée ouvrir et s'est trouvée face au syndic (on est en Suisse, en France, ce serait le maire !). Elle l'accueille très poliment malgré la dent qu'elle a contre lui, à cause du blocage de son projet. Devant un porto qu'elle lui a servi au salon, il lui explique : « Chère Madame, je tenais à venir personnellement m'expliquer. Je crois que nous avons été trop rigides en refusant d'entrer en discussion sur votre projet. Je vous propose que nous reprenions au point où nous en étions il y a, sauf erreur, six mois. Pour autant que vous ayez, avec vos fils, toujours ce projet en tête. »

Avec beaucoup de finesse et de subtilité, la dame m'a dit qu'après le départ du syndic, elle a sincèrement remercié ses tantes et a mis de belles fleurs devant leurs photos, puis elle a téléphoné à ses fils.

J'ai vraiment été surpris. Je n'avais pas imaginé que la présence des tantes décédées puisse avoir influencé les autorités communales, mais je pense que l'on ne mesure pas toujours jusqu'où peut aller l'influence des personnes décédées encore présentes dans des lieux !

Dans des situations de ce type, il arrive fréquemment que des maisons n'arrivent pas à se vendre ou que les travaux de rénovation se passent mal et que de nombreux incidents aient lieu sur place, mais je pensais que c'était l'ambiance de certaines maisons qui retenait des gens sensibles, ce qui est logique. Dans ce cas, pourtant, les autorités avaient pris leur décision dans leurs bureaux !

D'aucuns diront qu'il s'agit d'un heureux concours de circonstances... Je ne me serais pas permis d'envisager que le blocage de la situation se résolve ainsi, juste après le « départ » des tantes vers la lumière.

LA JEUNE FEMME QUI ÉTAIT, SANS LE SAVOIR, CONSCIENTE DE CE QUE J'AI MIS EN ÉVIDENCE

Il s'agit d'une jeune femme artiste peintre qui vit seule dans un appartement. Dans cette intervention, un problème de présences apparaît très vite. Durant le décodage de la situation, la conclusion est claire : il s'agit de trois personnes, dans le cadre familial.

La jeune femme est interloquée, réagit assez vivement, se lève, quitte la pièce où nous discutions et revient avec un tableau qu'elle me présente : « Voyez-vous sur ce tableau une relation avec ce que vous venez de mettre en évidence ? »

Le tableau présente une clairière avec une femme assise devant un feu et, autour du feu, un bel espace avec de l'herbe. Pour ma part, je ne vois aucun rapport entre le tableau et les trois présences.

Elle m'explique la relation : « Lorsque j'ai peint ce tableau, quelque temps avant de vous appeler, il était différent, je n'étais pas satisfaite. Il y avait quelque chose qui me gênait et je ne comprenais pas quoi. Votre constat me fournit l'explication. Juste après avoir terminé le tableau, j'ai repeint de l'herbe pour cacher ce que j'avais peint en premier! Et j'avais peint trois tombes non remblayées; on voyait les cercueils.»

Il va sans dire qu'elle n'a pas attendu longtemps pour entreprendre la démarche d'aide que je lui conseillais pour ces trois personnes, mises en évidence après que nous avons dessiné son arbre généalogique.

C'est une belle histoire qui montre ô combien que nous savons, inconsciemment, beaucoup plus de choses qu'il n'y paraît.

Les rêves envoient bien des messages pour certaines personnes.

Les œuvres d'art expriment parfois l'inconscient de leurs auteurs.

Lors d'une autre analyse, j'avais fait des compliments au propriétaire pour la qualité de ses tableaux, puis il m'a dit qu'il en était l'auteur. À la fin de l'analyse, il m'a demandé si je voulais bien tester ses tableaux dans son atelier, ce que j'ai fait avec plaisir. La grande majorité de ses œuvres étaient superbes, sauf quelques-unes qui avaient un niveau vibratoire très bas. Sa réaction: «Je m'en doutais, je les ai peintes à une période où j'étais dépressif.»

UNE MÈRE RETIENT SES DEUX FILS, DÉCÉDÉS DEPUIS UNE CINQUANTAINE D'ANNÉES

Cette analyse est celle qui m'a le plus marqué et le plus donné confiance dans les informations que j'ai indiquées.

Il s'agit d'une demande d'analyse venant d'un homme que je connaissais déjà, pour des locaux de bureaux.

J'arrive dans une maison située dans un petit hameau dans la campagne, et l'homme me reçoit en compagnie de sa secrétaire. Ils ressentent dans ces locaux un malaise qu'ils ne peuvent pas comprendre, depuis qu'ils y ont emménagé. À travers mon approche géobiologique, je perçois immédiatement un problème de présences très marqué.

Nous en discutons, ils sont ouverts et admettent cette possibilité. Ils sont prêts à envisager un éventuel travail d'aide, mais pour cela, il faut décoder la situation et comprendre de qui il s'agit.

Je décode la situation en radiesthésie et trouve qu'il s'agit de deux jeunes garçons de six et neuf ans, décédés tous les deux accidentellement, mais pas en même temps et pas dans le même accident. Ils sont frères et, au moment de l'analyse, je comprends que cela s'est passé il y a une cinquantaine d'années.

J'explique la démarche d'aide à l'homme et sa secrétaire, et ils sont tout à fait ouverts pour la réaliser. Mais quand je contrôle s'ils peuvent faire cette démarche, il y a une opposition très nette. Ils doivent soit cohabiter, soit quitter les lieux.

La secrétaire insiste pour faire quelque chose, elle connaît une femme qui pratique l'exorcisme... Alors là, je suis catégorique : « En aucun cas, dans ce genre de situation, un travail d'aide n'a à voir avec de l'exorcisme. » Devant l'attitude de cette femme, j'insiste fermement : « Pour vous, il ne faut absolument pas intervenir, exorcisme ou pas, il ne faut faire aucune démarche, ce serait dangereux pour vous. »

Je leur propose quelques petits conseils pour calmer au mieux la situation et voir si la cohabitation est envisageable en toute connaissance des faits.

Une ou deux années après, l'homme me demande une analyse pour de nouveaux bureaux. À cette occasion, il me donne des nouvelles de l'analyse précédente : sa secrétaire a passé outre les conseils que je lui avais donnés et a tenté un travail. À la suite de quoi elle a subi une grosse casse au niveau psychologique et a dû être hospitalisée trois mois. Lui a fermé ses bureaux et s'est installé dans un nouveau lieu, qui ne nécessitait que quelques adaptations techniques, contrairement au lieu précédent !

Par la suite, je suis appelé par une mère de famille qui souhaite que j'analyse sa maison. Immédiatement, je constate un problème de présences. J'explique cela à la dame et je commence à étudier cette situation. Dès que je constate qu'il s'agit de deux petits garçons, la situation présentée précédemment me vient à l'esprit. Je demande à la dame s'il n'y avait pas, avant, des bureaux dans cette maison. C'était le cas : elle avait réintégré une maison de famille après le départ du locataire. Je lui demande alors si le décès de deux petits garçons, il y a un peu plus d'une cinquantaine d'années, lui dit quelque chose. Elle me répond sans aucune hésitation : « Bien sûr, ce sont mes oncles, les frères de ma mère... On peut aller dans leurs chambres, chez ma grand-maman qui habite à côté ; elle est très âgée, mais elle fait le ménage tous les jours dans les chambres de ses fils, inchangées depuis leur décès ! »

Cette dame m'a donné la cause de leur décès. C'étaient bel et bien des accidents. Ces garçons étaient très téméraires et des jeux ont fini tragiquement.

Je n'avais absolument pas reconnu cette maison ! Je lui explique la situation, qui m'est revenue à l'esprit dans les moindres détails. Je lui explique qu'ils ont besoin d'aide et que ce n'est que leur mère qui peut faire ce travail, avec son appui, évidemment.

Je lui propose d'aller expliquer cela à sa grand-mère, mais elle me dit : « Je peux très bien lui expliquer cela, si elle comprend que ses fils ont besoin d'aide, elle le fera sans aucun problème. »

Alors là, je comprends tout. Comment voulez-vous que des gens totalement extérieurs à une situation familiale puissent aider des enfants à aller vers la lumière, alors que leur propre mère, inconsciemment, les garde auprès d'elle ?

Il a fallu un extraordinaire concours de circonstances pour que je passe deux fois de suite dans la même maison ! Et que je puisse proposer une aide à la bonne personne par l'intermédiaire de sa petite-fille.

D'après un dicton, le hasard n'existe pas, je pense que c'est bien le cas dans cette situation.

Situations avec morts volontaires

INTERVENTION CHEZ LA FILLE D'UN HOMME MORT PAR SUICIDE

Une mère de famille prend contact avec moi pour faire une analyse. Au téléphone, en écrivant son nom, je constate qu'il s'agit de la fille d'un homme que je connaissais et qui est mort par suicide.

Je suis donc allé chez cette femme avec une idée préconçue : j'allais retrouver cet homme chez sa fille ! J'ai bel et bien mis en évidence une présence dans cette maison, mais en décodant la situation, j'ai été heureusement surpris de constater que ce n'était pas l'homme que je connaissais, mais sa mère. La propriétaire des lieux a bien compris et elle était prête à aider sa grand-mère.

C'est une situation classique : j'avais eu tendance à généraliser. Concernant les personnes qui se suicident, la vie m'a rapidement démontré mon erreur, car l'homme que je connaissais avait bien réussi à trouver le chemin de la lumière.

J'ai un peu parlé de lui avec sa fille. Cet homme ne s'était pas suicidé de manière classique, il s'était immolé par le feu. À l'époque, j'avais entendu parler d'un « suicide mystique ». Peut-être avait-il voulu se retrouver dans l'au-delà plus rapidement.

Parmi les nombreuses présences de personnes décédées que j'ai mises en évidence au cours de mes analyses, il y avait régulièrement des personnes qui s'étaient suicidées. Cela me paraît assez logique. Je pense que peu de personnes se suicident en ayant conscience que la vie continue sous une autre forme après la mort. Il semble normal que les personnes qui se suicident aient de la peine à trouver la lumière, de l'autre côté du voile, mais là non plus, il ne faut rien généraliser.

Le très beau livre de Lytta Basset, *Cet au-delà qui nous fait signe*[1], est un superbe témoignage qu'elle nous donne quinze ans après le décès de son fils, mort par suicide.

MORTS VOLONTAIRES AVEC ASSISTANCE À LA DÉLIVRANCE

Parmi toutes les personnes qui m'ont demandé d'intervenir chez elles, plusieurs m'ont expliqué qu'un de leurs proches, parent ou conjoint, était parti volontairement, lors d'une « assistance au suicide ». Je n'ai à ce jour, lors d'analyses, perçu aucune de ces personnes qui soit encore présente dans le plan physique.

1. Lytta Basset, *Cet au-delà qui nous fait signe*, Albin Michel, 2022.

C'est un constat, je me garderais bien d'en faire une généralité.

En Suisse, cette action est réalisable d'une manière légale, très encadrée et réservée à des cas bien précis. On parle couramment d'une « assistance au suicide », mais je trouve plus juste de parler d'assistance à la délivrance. L'expression de « suicide accompagné », si elle est utilisée couramment, ne me paraît pas adéquate, car la grande majorité des gens qui se suicident le font dans un moment de désespoir profond ; ils ne voient aucune autre solution à leurs problèmes.

La demande d'une assistance à la délivrance est un acte posé, réfléchi souvent de longue date, et entouré. D'un point de vue pratique, la personne doit être consciente, pouvoir agir elle-même en buvant une potion létale, fournie par un médecin et accompagnée par lui.

L'association EXIT[2], « association pour le droit de mourir dans la dignité », accompagne ses membres qui le désirent, de leur plein gré. Pour pouvoir partir avec EXIT, il faut être membre de cette association et, en général, les gens s'inscrivent bien avant d'être dans une situation de fin de vie, mais ne partent pas de cette façon. Pour un certain nombre de membres d'EXIT, le fait de savoir qu'ils peuvent partir ainsi, le moment venu, est suffisant pour alléger leur fin de vie, surtout s'ils ont la possibilité d'être bien accompagnés dans une unité de soins palliatifs. Pour ceux qui partent avec EXIT, l'acte est organisé, programmé, souvent discuté avec l'entourage, et même

2. https://www.exit-romandie.ch/l-assistance-au-suicide-fr360.html

accompagné par les proches. Bien souvent, la décision est prise par une personne tant pour elle-même que pour soulager ses proches d'une charge importante.

PASSAGE DIRECT DE L'ENFER AU PARADIS

Cet « événement » se passe au Peyrier, notre maison des Cévennes où mon amie Christine m'a rejoint pour trois jours en août 2022.

Christine est venue avec une amie proche qui avait envie de travailler sur son arbre généalogique, ayant quelques doutes sur un éventuel lien persistant par-delà le décès avec une personne de sa famille. Nous étions convenus que Christine assisterait à cette recherche avec son amie.

Le lendemain, nous nous installons autour de la table, Christine, son amie et moi. L'amie de Christine nous donne des informations sur sa famille et ce qu'elle ressent : une gêne, un sentiment parfois de ne pas être seule. Elle a l'impression qu'il s'agit d'une femme, elle pense à sa grand-mère, sans pouvoir l'expliquer. Sur ses indications, je dessine l'arbre généalogique aussi bien du côté paternel que maternel.

Sur l'arbre généalogique, j'indique les noms, les dates de naissance et de décès et la cause des décès. Dans cette transmission, comme pour les autres, je ne mentionne pas de nom, par discrétion.

À l'aide de ce support et de quelques photos, je repère en radiesthésie les personnes décédées, je teste le niveau vibratoire de chacune de ces personnes, pour savoir si elles sont bien « ressuscitées » dans la lumière. Je constate que la grand-mère maternelle est parfaitement bien à sa place dans les plans invisibles à nos yeux. Elle est bien libérée du plan physique. Il faut donc chercher plus loin. Je teste l'arrière-grand-mère maternelle. Et là, la présence de cette femme apparaît très violemment. Christine ressent une rage et une colère puissantes, son amie a une très forte émotion qui lui tire des larmes. Pour ma part, je perçois une présence encore très bloquée dans le physique.

C'était la première fois que Christine et moi faisions ensemble un travail sur un arbre généalogique. Je lui demande s'il lui est possible de prendre un message venant de cette arrière-grand-mère afin de mieux comprendre la situation. Elle se met en situation et reçoit le message suivant[1] :

L'arrière-grand-mère :
« Je Suis En Colère
Je N'Ai Pas Mérité Cette Fin-Là
J'Ai Fait Ce Que J'Ai Pu De Ma Vie Avec Amour Et Dévotion
Je Regrette De Ne Pas Avoir Pu Donner Davantage Aux Miens Et À Mes Enfants Chéris
Comment Les Laisser Sans Leur Mère Pour Poursuivre Leur Vie.
Pourquoi Ai-Je Dû Accepter Ce Lot Et Pourquoi Une Telle Injustice
Tant De Haine Contre Ce Destin M'accable Et M'Accapare Sans Répit. »

---

1. Ne soyez pas surpris par les majuscules, c'est ainsi que Christine reçoit les messages !

(As-Tu Envie D'Être Libérée De Cette Fonction?)
« Oui Je Le Souhaite
Je Suis Enfermée Dans Une Vibration Qui Enchaîne Ma Libération Définitive. »

Fin.

Quel message... Quelle puissance...

Je suis très surpris par cette personne qui a conscience d'être enchaînée et qui souhaite être libérée.

Nous avons envie, pour pouvoir l'aider, de comprendre un peu mieux les raisons de cette haine et de cette colère.

Nous nous proposons de demander un message à sa fille, la grand-mère que j'avais ressentie bien à sa place, décédée longtemps après sa mère.

Le message vient sans attendre, Christine l'écrit en direct:

La grand-mère:
« Je Ne Suis Plus de Cette Mesure-Là
J'Aide À Ma Façon.
Maman:
Ne Crois Pas Que Ton Départ N'Ait Pas Occasionné Pour Nous Un Chagrin Incommensurable
Il L'A Été Comme Pour Toute Personne Aimée
Toutefois La Vie A Permis À Nous Tous De Trouver Une Voie D'Apaisement
Qui A Ouvert Des Chemins D'Enfantement Pour Chacun
La Vie Ainsi A Pu Être Transmise Par La Génération Et À Travers Toi
Toute Colère Est Aujourd'Hui Inutile
Elle Ne Peut Que Grever Le Présent De Celles Et De Ceux Qui Te Suivent

Il Est Temps De Lâcher Et Les Regrets Et Les Remords
Et Les Hauts Cris De Rage
Qui Ne Te Permettent Pas De Revenir Sur Ce Qui Est Passé
Nous T'Aimons Comme Nous t'Avons Toujours Aimée
Il Te faut Croire dans le Bon Ordre du Monde
Ainsi Va La Vie En sa Puissance Absolue
Âme De ma Mère
Envole-Toi Et gagne Enfin L'Ascension Promise Qui Libérera Celle Que Tu Fus
En tant Que Femme Et Mère
Celle Que Tu Es Au Profond de Ton Âme
Et Celles Et Ceux Qui Te Succèdent Cellulairement Et Spirituellement
Amen. »

Fin.

Immédiatement après la fin du message, Christine le lit à haute voix et, à mon étonnement, je comprends que le message de la grand-mère s'adresse à sa mère. Durant cette lecture, je ressens que quelque chose est en train de changer, je teste le niveau vibratoire de l'arrière-grand-mère : rien à voir, cela a changé du tout au tout.

Christine prend un nouveau message :

L'arrière-grand-mère :
« *Quelle Joie*
Quel Apaisement
Quel Soulagement De Recevoir l'Aide De Ma Propre Fille
Et De Trouver La Voie De L'Infini
Avec Mansuétude Je M'Abandonne À Ce Qui Doit Être Sans Aucun Regret Et Avec Toute Confiance
Je Retrouve Le Chemin Qui Fut le Mien

À Jamais Reconnaissante Pour le Travail Accompli
Je Vous Salue
Amen. »

Quelle modification, et avec quelle rapidité ! Je n'ai jamais vécu un changement aussi prompt et radical. Nous sommes en prise directe avec l'invisible.

Un contrôle au pendule me permet de confirmer qu'elle n'est pas en chemin, mais que le chemin est réalisé, elle est dans la lumière. C'est un constat, et un vrai cadeau !

Christine et moi restons sans voix pendant un bon moment.

L'amie de Christine est très émue et soulagée.

Très rapidement, j'ai l'intuition que nous venons de recevoir deux messages, un de l'enfer et l'autre du paradis. Ce pourrait être cela, l'enfer et le paradis ? Nous sommes très loin des clichés auxquels nous avons été habitués ! Quelle révélation... !

Ce que nous venions de vivre, Christine, son amie et moi, a nourri nos échanges pour plusieurs heures, depuis lors nous parlons de notre séminaire d'août 2022 !

Même s'il faut se garder de faire des généralités sur ce qui se passe de l'autre côté du voile, nous avons fait quelques réflexions qui confirment, pour moi, bien des intuitions.

Il semble fréquent que, de l'autre côté du voile de la mort, les personnes ne puissent pas forcément communiquer entre elles, d'autant plus si elles sont dans des plans très différents, comme l'étaient la grand-mère et sa mère.

Tout laisse à penser que cette grand-mère ne pouvait pas être consciente de la situation dans laquelle sa mère se trouvait, sinon elle l'aurait aidée et accueillie.

L'arrière-grand-mère avait conscience d'être enchaînée et souhaitait être libérée, ce qui n'a pu se faire que lorsqu'elle a entendu le message de sa fille, lu à haute voix par Christine.

Les personnes physiques, incarnées, jouent un rôle d'intermédiaire entre les vivants et les morts, et même, dans ce cas, entre les morts.

Je pensais qu'une personne encore reliée au plan physique était désorientée, ne savait pas quoi faire ni où aller. Mais je n'avais jamais pensé qu'une personne dans cette situation puisse à la fois exprimer le sentiment d'être enchaînée et celui de vouloir être libérée, comme le dit l'arrière-grand-mère : « Je Suis Enfermée Dans Une Vibration Qui Enchaîne Ma Libération Définitive. »

Pour une personne comme elle, qui était encore complètement bloquée dans un plan proche du plan physique, l'aide ne pouvait-elle venir que d'une personne physique s'adressant à elle avec l'énergie physique du verbe ? En plus, dans ce cas, c'est en présence de son arrière-petite-fille que Christine lit le message de sa fille. C'est certainement ce concours de circonstances exceptionnelles qui a permis ce changement de plan aussi rapide.

TÉMOIGNAGES TRANSMIS DIRECTEMENT PAR LES PERSONNES CONCERNÉES

Une semaine résidentielle à Lisbonne

Par Christine Jouve

Le récit qui va suivre se déroule dans un studio de danse situé au cœur de la vieille ville de Lisbonne. Mon ami Patrick, artiste visuel, et moi-même projetions de travailler sur un nouveau projet chorégraphique s'ancrant dans l'imaginaire lisboète. Nous avions obtenu la possibilité de travailler dans un studio appartenant à une compagnie de danse locale, absente pendant notre temps de séjour et qui mettait son lieu à notre disposition en échange d'une présentation publique en fin de résidence.

Patrick et moi avions partagé plusieurs projets auparavant et c'était une joie de nous retrouver pour imaginer, penser, créer ensemble.

Ce studio de danse était situé non loin de la place du Commerce, au premier étage de ce qui était autrefois une banque. Dans la rue, certains bâtiments étaient vides et délabrés, comme on peut en trouver encore fréquemment à Lisbonne.

Je me rappelle la présence d'une corde accrochée dans la haute cage d'escalier qui menait à un vestiaire isolé ; puis du studio divisé en deux parties, l'une donnant sur la rue et l'autre en retrait, accueillant des bancs et dessinant un espace plus quotidien. Au milieu, un petit bureau pour l'administration.

En première partie de journée, nous arpentions la ville à la recherche de matériaux, de sensations, d'histoire, que nous réinvestissions ensuite dans le studio jusqu'à tard le soir. J'ai oublié comment cela a commencé, mais assez rapidement, je ne me suis pas sentie bien dans cet espace de travail. Nous faisions des improvisations étranges : je me souviens de l'une d'entre elles, où je dansais avec des petits pansements collés sur les yeux et des yeux dessinés sur les pansements. Nous cherchions, mais tout nous résistait. Nous n'arrivions pas à nous mettre en mouvement. Les matériaux étaient sinistres, nous tournions en rond... Un sentiment de malaise s'est installé et a gagné en intensité.

Des désaccords inhabituels sont apparus entre Patrick et moi. J'étais effrayée lorsque le soir tombait et il m'était impossible, par exemple, de rejoindre seule le vestiaire. Les fenêtres cognaient, l'air crissait ; l'espace du studio était comme une matière tendue. L'électricité sautait à intervalles réguliers et nous laissait dans une obscurité inconfortable. J'ai fini par être réellement saisie d'effroi. Le soir, nous partions très rapidement, sans nous retourner. Nous étions comme mis dehors par le lieu même. Mais nous revenions, par nécessité d'avancer dans notre travail et par esprit de raison, dès qu'un nouveau jour se levait : nous n'allions pas renoncer, en toute objectivité, à cet espace qui nous était prêté, à cause de sensations désagréables qui ne relevaient, après tout, d'aucune réalité tangible.

Nous avions préparé une bande-son en vue de notre présentation publique, sans difficulté notable. Or, à la première écoute dans le studio, le son était méconnaissable : tout était entrecoupé et altéré. La perspective d'accueillir du public les jours suivants dans ce même lieu ainsi qu'une énième impossibilité technique ont fini par me décider à faire appel à Pierre. À distance, celui-ci a effectivement relevé plusieurs présences. En échangeant ensemble, notamment sur l'échéance publique des jours suivants, nous avons décidé de tenter de calmer la situation, en mettant en œuvre une petite cérémonie de « reconnaissance » avec « une demande de trêve » destinée aux occupants des lieux, le temps de notre présentation.

Nous avons allumé des bougies à plusieurs endroits. Puis, à haute voix, Patrick et moi nous sommes adressés aux présences invisibles que nos danses avaient dérangées.

Nous avons ensuite pu présenter notre travail. Tout s'est correctement passé. Mais je me souviens d'avoir repéré que notre danse était beaucoup plus mate que d'habitude. Comme les musiciens, mais de manière peut-être plus impalpable, nous, les danseurs, sommes particulièrement sensibles aux différentes qualités et nuances de l'espace. Là, nos gestes ne se diffusaient pas ; ils restaient comme collés à nos peaux.

Quoi qu'il en soit, la trêve avait été respectée et nous avons remercié nos hôtes, sans nous attarder.

Sur les conseils de Pierre, et dans mon anglais approximatif, j'ai raconté notre aventure à l'administrateur portugais de la compagnie, afin qu'il puisse faire le nécessaire pour aider le lieu et les âmes - au Portugal, ce sont souvent les prêtres qui font ce travail.

À ma grande surprise, ce dernier n'a pas du tout été étonné par mon récit: travaillant souvent tard le soir dans le bureau, il avait été pris des mêmes peurs sans oser en parler. À son tour, il m'a livré des histoires de campagnes habitées, comme autant d'évidences familières.

Dialogue avec mon père décédé

Par Gisberta Laharpe

Cette histoire commence la nuit du 1er au 2 janvier 1998, durant laquelle de l'eau a commencé à suinter du plafond de ma maison, à l'étage, ce qui ne s'était jamais produit. Je suis allée voir au grenier, mais il n'y avait rien qui aurait pu créer une fuite d'eau. Pas de tuyaux, et pas de pluie depuis des jours, voire des semaines. Étant donné que nous étions le Jour de l'an, toutes les entreprises étaient fermées, je ne pouvais pas appeler quelqu'un pour venir voir. J'ai donc mis un seau sous l'endroit où cela gouttait, en attendant de contacter une entreprise. Le lendemain matin, le seau était plein aux trois quarts, alors que le plafond et le grenier étaient secs. Je ne comprenais pas comment c'était possible. Dans la journée du 2 janvier, j'ai reçu un coup de téléphone d'un cousin qui m'a annoncé le décès de mon père, durant la nuit du 1er au 2 janvier. À partir de ce moment, j'ai senti la présence de mon père à mes côtés. Mes parents habitaient dans le sud de l'Italie, dans les Pouilles, et moi en Suisse romande. Je devais prendre le premier train pour pouvoir assister à l'enterrement. Dans le train, il m'a semblé comprendre, après réflexion, le phénomène de l'eau qui coulait du plafond : mon père était sourcier, c'est donc par l'eau qu'il m'informait avoir quitté le monde terrestre !

Une fois arrivée dans la maison de mes parents, j'ai trouvé mon père dans son cercueil, au milieu du salon, avec tout autour, le long des murs, des chaises sur lesquelles étaient assises principalement des femmes, venues prier pour le salut de son âme.

Je le percevais calme et satisfait que tout ce monde soit là afin de prier pour lui.

Puis nous sommes allés en procession jusqu'à l'église. Mon père, de son vivant, a toujours dit que le jour où il mourrait, il ne voulait surtout pas de messe ni de cérémonie avec des gens d'Église, mais ma mère n'a pas osé suivre ses volontés. « Que diraient les gens ! » Lui n'aimait pas les curés, il se disait athée et trouvait que les curés étaient tous des « faux jetons ».

Une fois dans l'église, du haut de sa chaire, le curé a prononcé son homélie en parlant de mon père de façon très élogieuse. Et, à cet instant, j'ai entendu mon père dire au curé : « Don Lorenzo, descends de ta chaire et arrête de dire des niaiseries. » J'ai eu un fou rire, et les gens autour de moi ont pensé que j'étais secouée de sanglots.

Puis est arrivé le moment d'aller au cimetière. À ce moment-là, mon père a paniqué, j'ai ressenti en moi son agitation, mes cheveux se sont dressés sur ma tête. Il a fallu que je lui parle en télépathie pour le calmer et il m'a dit: « Est-ce que je dois rester dans ce trou pour l'éternité ? Je n'en ai pas envie, je refuse d'y aller[1]. » Et moi de lui expliquer qu'il était libre. Son corps, dans son cercueil, allait être mis dans cette niche, pas son âme. Dès maintenant, il pouvait aller où il voulait, il suffisait qu'il pense à là où il voulait être pour pouvoir s'y trouver instantanément. Cela l'a calmé immédiatement.

Et enfin est venu le moment où j'ai dû rentrer, avec ma mère et mon fils qui m'avaient accompagnée. Ils sont montés dans une voiture où il n'y avait plus de place pour moi. Alors un cousin de mon père m'a proposé de me conduire à la maison car il était seul. Pendant le trajet, ce cousin a eu un comportement irrespectueux à mon égard et je me suis sentie profondément blessée par son manque de délicatesse. Le soir même, il y a eu un terrible orage et, le lendemain, ce cousin est revenu nous voir. Il nous a raconté que l'orage était tellement fort que l'électricité avait été coupée, mais uniquement dans sa maison ; dans les autres, il y avait toujours de la lumière. Il ne comprenait pas comment c'était possible. Moi, j'ai tout de suite su que c'était mon père, car de son vivant, il pouvait se mettre en colère de façon phénoménale, si on nous manquait de respect. Pour moi, c'était lui qui avait provoqué cette coupure d'électricité[2].

---

1. Note de l'auteur: dans ce cimetière, comme dans tous les cimetières en Italie, le cercueil est soit mis en terre, soit, comme dans la situation décrite, introduit dans une niche funéraire construite dans un grand mur, un enfeu.

2. Note de l'auteur: les personnes décédées, encore présentes au plan physique, ont une grande facilité à s'exprimer à travers les installations électriques. Il est courant que des gens témoignent: « Quand nous sommes rentrés à la maison après la cérémonie au cimetière, les ampoules électriques lâchaient l'une après l'autre. »

Durant la semaine qui a suivi, où je suis restée avec ma mère, mon père venait chaque nuit tout près de moi. Sa présence provoquait un froid glacial, ce qui me réveillait. Alors je lui demandais de s'éloigner un peu pour que je ne sois pas gelée. Il s'éloignait, la température de la pièce se normalisait et nous pouvions dialoguer et discuter tranquillement, comme s'il était vivant, dans son corps, à côté de moi. Il me posait plein de questions, car il se sentait perdu et désorienté. Il ne savait pas quoi faire, où aller, il disait que tout était noir autour de lui. Alors je lui ai parlé des anges et des êtres de lumière. J'étais certaine qu'ils étaient autour de lui et je lui ai expliqué que s'il voulait les voir, il fallait qu'il exprime ce désir et qu'alors la nuit deviendrait jour. Je lui ai expliqué qu'il devait certainement percevoir une lumière au loin. Quand il a commencé à la voir, je lui ai proposé de la suivre; ainsi il pourrait rencontrer les êtres de lumière et même les êtres chers partis avant lui, s'il le désirait. Nous avons aussi parlé de l'enfer ou du diable. Finalement, il a réussi à voir les êtres de lumière et à se sentir accueilli. J'ai pensé qu'à ce moment il s'éloignerait de moi car il était apaisé, mais non, il est resté avec moi durant tout mon voyage de retour jusqu'à la gare de Lausanne. Une anecdote m'est alors venue à l'esprit. L'été avant son décès, je sentais et voyais qu'il était fatigué. Chaque année après les vacances chez mes parents, il nous accompagnait jusqu'à la gare, pour nous dire au revoir au moment où le train partait. Parce que je voyais sa fatigue, je lui ai proposé de rester à la maison cette fois-ci. Sa réponse a été: «Je t'accompagnerai à la gare même mort!» En effet, il m'a accompagnée jusqu'à la gare de Lausanne, même mort… À la gare de Lausanne, il a disparu, et je ne l'ai plus jamais ressenti à côté de moi, comme dans la chambre à coucher après son décès.

En revanche, plus tard, nous nous sommes revus dans les rêves nocturnes.

SYNTHÈSE

Après avoir écrit cet ouvrage, je prends conscience que les problèmes mis en évidence à travers ces expériences viennent en majeure partie de notre relation à la mort, dans notre société.

La prise de conscience de la vie après la vie est en route, mais il y a encore du chemin à parcourir. Il est souvent dit que la personne décédée continue à vivre grâce au fait que l'on pense à elle et que l'on évoque des souvenirs qui la concernent. Il s'agit là d'un point de vue purement philosophique, sans relation avec ce que vit la personne décédée. Mais il me semble que peu de gens ont clairement conscience qu'une personne décédée est toujours une personne vivante, qui continue à vivre, dans un autre plan certes, mais avec toute sa conscience, et que le contact reste possible.

De fait, l'accompagnement des personnes en fin de vie se termine, dans la majorité des cas, au décès de celle-ci.

La vie sur terre a deux naissances, l'une lors de l'accouchement et l'autre au décès, quand la personne décédée renaît dans le plan de l'invisible, qui est beaucoup plus vaste que notre plan physique. Le Dr Pim van Lommel donne une belle définition du plan de l'invisible, où les personnes décédées arrivent: « Une dimension où le temps et l'espace ne jouent aucun rôle, où le passé et le futur sont donnés à voir, où ils se sentent acceptés, guéris, et où ils peuvent accéder à une sagesse infinie dans une atmosphère d'amour inconditionnel[1]. »

Depuis le milieu du siècle dernier, une très grande avancée a été faite concernant la période de gestation. Les parents sont incités à parler à leur enfant dès le début de la gestation, à l'entourer d'amour, de musique, à l'accompagner dans sa croissance intra-utérine, jusqu'à la naissance. Il y a eu un grand changement de paradigme concernant la gestation et la naissance. Ce changement n'est pas encore acquis. Peu de personnes dans notre société occidentale ont pris conscience que la relation entre un parent et son enfant ne débute pas avec la grossesse, mais bien avant. Des ateliers de communication entre la personne qui revient sur terre, qui se réincarne, et les parents commencent à voir le jour.

Dans le même esprit que celui des ateliers d'accompagnement lors de la gestation, nous pourrions envisager des ateliers d'accompagnement pour les personnes décédées. Il existe des ateliers d'accompagnement pour la période du deuil, accompagnement précieux pour beaucoup de personnes désemparées par le départ d'un proche.

Cependant, qui accompagne les personnes qui viennent de décéder ? Elles aussi, parfois, se trouvent désemparées une fois de l'autre côté du voile, ne sachant que faire ni où aller. Un accompagnement serait parfois souhaitable.

Cette démarche n'est pas dans notre culture, dans notre société matérialiste, mais je rêve d'une société où cela existerait, et je suis sûr que dans ce cas, nous

1. Pim van Lommel, *Mort ou Pas ?*, *op. cit.*, p. 317.

n'aurions pas besoin d'accompagner des défunts sur l'autre rive, des années après leur décès, comme j'en ai maintes fois constaté la nécessité.

Dans la majorité des sociétés traditionnelles, des accompagnements pour les personnes décédées existent, font partie de l'enseignement traditionnel. Je pense en particulier aux bouddhistes, avec le *Bardo Thödol. Le Livre des morts tibétain*, dont voici la présentation dans l'édition J'ai lu de 2015[2] :

« *Le Livre des morts tibétain* ou *Bardo Thödol* est l'un des plus grands textes spirituels de la culture mondiale. Plus qu'un livre de sagesse, il s'agit d'un véritable guide de l'après-vie qui décrit les étapes que traverse la conscience, de la mort à sa future réincarnation. Accompagné des commentaires d'experts des philosophies orientales, et notamment ceux de Carl Gustav Jung, *Le Livre des morts tibétain* nous éclaire sur l'un des plus grands mystères de la vie. »

Jean Prieur, qui a écrit beaucoup de livres sur le sujet de l'au-delà, a composé une version pour les Occidentaux, intitulée *Le Livre des morts des Occidentaux*[3]. Cet ouvrage est inspiré des grandes traditions, qu'il s'agisse du *Livre des morts tibétain*, de celui des Mayas ou de celui des Égyptiens. Ce livre s'adresse à chacun en faisant le pont entre toutes les religions et courants de pensée. Il peut être très précieux pour accompagner nos proches qui sont en train de découvrir l'invisible, en leur lisant des passages à haute voix.

2. *Le Bardo Tödol*, postface de Carl Gustav Jung, J'ai lu, 2015.

3. Jean Prieur, *Le Livre des morts des Occidentaux*, Robert Laffont, 1981.

Avant de pouvoir parler à nos proches disparus, il faut avoir pris conscience de la continuité de la vie. C'est pour beaucoup de personnes un certain travail, un changement de paradigme important, qui ne peut pas se faire du jour au lendemain, excepté pour les personnes qui ont fait une « expérience de mort imminente » (EMI) ou, comme l'appelle justement le Dr Jean-Jacques Charbonier, une « expérience de mort provisoire » (EMP).

Pour ces personnes, la réalité de la persistance de la vie et de sa conscience, hors du corps physique, devient une réalité tangible. La lecture des nombreux témoignages de ces expérienceurs peut aider chacun à prendre conscience de cette réalité : nous continuons à vivre après notre décès, nous quittons notre corps physique pour ressusciter dans notre corps spirituel, il s'agit d'un changement d'état, il n'y a pas de fin.

Pour ma part, j'aurais tendance à dire que « je vais rentrer à la maison » lorsque le moment sera venu, et je ne crains pas du tout cette nouvelle naissance dans la lumière. J'ose dire que je m'en réjouis, comme l'étudiant qui se réjouit de finir ses études, même si elles sont passionnantes !

POSTFACE ET CONSEILS

J'aime bien, en finissant la lecture d'un livre, me poser la question: qu'est-ce que ce livre m'a apporté? Si je me pose la question pour celui-ci, comme si je n'en connaissais pas le sujet, il me viendrait deux réponses très différentes.

- Il m'a permis de prendre conscience que l'au-delà existe et que notre conscience n'est pas dans notre corps physique. Bien, si c'est le cas pour vous, j'en suis heureux. Mais il existe beaucoup d'ouvrages qui pourraient aussi vous permettre cette prise de conscience.
- Il m'a permis de prendre conscience que certaines personnes décédées ont de la difficulté à quitter le plan physique pour poursuivre leur chemin vers la lumière, et que l'on peut être gêné par ces personnes. Très bien, j'ai probablement apporté une confirmation à un phénomène que vous pensiez possible, sans oser le dire et dont on ne parle pas beaucoup.

Mais que faire avec ces constats? Je pense que j'apporte des constats, certes, mais pas de solutions qui vous aideraient à résoudre une situation de ce genre si elle se présentait à vous! Je n'apporte pas de solutions ou de recettes toutes faites, pour la simple raison qu'elles n'existent pas. Je pense que c'est simplement parce qu'il y a un grand nombre de situations diverses, qui nécessitent chacune une approche adaptée. Les conseils que j'ai donnés permettent, semble-t-il, d'aider les présences, « les entités » comme on le dit parfois aussi, à poursuivre leur chemin vers la lumière, l'aide principale étant de leur transmettre beaucoup d'amour pour éclairer leur chemin.

Dans le domaine de la géobiologie, il y a diverses approches, par exemple celles conseillées par Joëlle Chautemps dans son *Manuel de géobiologie et magie de l'habitat*[1], livre dont j'ai écrit la préface, même si nos approches ne sont pas parfaitement identiques. Parfois, certaines personnes vous apporteront des solutions, vous proposeront de lire des textes ou des prières ou d'accomplir des rituels, voire de demander à vos anges gardiens de s'occuper de ces personnes en errance, qui cherchent leur chemin vers la lumière. D'autres approches vous seront proposées, consistant à « nettoyer » la maison par diverses méthodes. Par exemple, faire une fumigation avec de la sauge blanche, mettre des huiles essentielles. Voire téléphoner à une personne « passeuse d'âmes ». Ce sont toutes des solutions pleines de bonne volonté et de bienveillance. Chaque proposition pratiquée avec conscience peut résoudre certaines situations ou apporter le petit coup de pouce nécessaire dans certains cas, mais parfois ce n'est pas suffisant.

1. Joëlle Chautemps, *Manuel de géobiologie et magie de l'habitat. Harmonisez les énergies de votre maison*, éditions Favre, 2017.

Je suis allé dans de nombreuses maisons où des approches de ce genre n'ont pas suffi (bien sûr, je ne suis pas allé dans celles où les améliorations ont été satisfaisantes).

Vous pouvez tenter ces façons de faire, en ressentant celle avec laquelle vous êtes le plus à l'aise, mais soyez attentif : parfois, un mieux très net s'installe, mais provisoirement. Cela permet de confirmer qu'il y a une relation avec votre gêne. Cependant, au bout de quelques jours, les mêmes symptômes peuvent revenir, parfois les présences se camouflent.

Partons du principe que vous avez le pressentiment qu'une ou des personnes décédées restent encore près de vous ou chez vous, que faire ?

Voici quelques propositions de pistes.

Déjà, tentez de distinguer si ce phénomène est lié à la maison ou à vous, au niveau familial dans ce cas. S'il est lié à la maison, ce sentiment disparaîtra si vous dormez ailleurs. Si malgré cela, le sentiment persiste, vous pouvez penser qu'il s'agit d'une relation familiale.

Dans un cas comme dans l'autre, vous avez déjà une piste de recherche qui peut vous permettre d'investiguer.

Avant de vous endormir, posez une question précise et soyez attentif à vos rêves et à ce qui se passe durant la journée : une lecture, une émission de radio ou une discussion peuvent vous donner des indices.

Pour une situation familiale, il est bon de créer, si vous ne l'avez pas fait, votre arbre généalogique, avec les informations concernant les personnes décédées, dates de naissances et de décès ainsi que les causes. C'est toujours une bonne chose de connaître ses ascendants.

On peut également réaliser un semblant d'arbre « généalogique » pour une maison, en notant les divers propriétaires, les grands événements connus qui s'y sont déroulés. Il est aussi très intéressant de connaître l'historique du lieu où l'on habite.

En vous concentrant sur ce travail, observez vos réactions, soyez conscient que votre être supérieur connaît la réponse à vos questions. Il faut « simplement » que la réponse puisse passer la frontière entre le conscient et l'inconscient !

Et surtout, faites confiance à votre intuition, « la petite voix » que l'on ne nous a pas beaucoup appris à écouter. Elle a beaucoup de choses à nous dire, cette petite voix qui vient de l'invisible.

Autres pistes de recherche

Les constellations familiales peuvent apporter des réponses à propos des personnes concernées, mais le travail d'aide doit ensuite être réalisé.

Une aide auprès d'une personne extérieure peut être envisagée si vous n'avez pas de réponse à votre questionnement, encore faut-il trouver la bonne personne. Il ne s'agit pas d'une démarche très courante. Toute personne travaillant en énergétique avec une belle ouverture devrait être apte à vous aider à préciser pour quelle personne un travail d'aide serait souhaitable, avec le travail préparatoire que vous aurez réalisé, arbres généalogiques avec photos, documentations sur la maison et photos.

Pour le travail d'aide, à réaliser de préférence vous-même, je me permets de reprendre une partie du texte écrit dans le chapitre « Diagnostic et démarche d'aide » (voir p. 58) :

« Il s'agit de parler à haute voix à la personne. Pourquoi à haute voix ? D'une part, tout simplement parce que la présence est encore très liée au plan physique et, quand on s'exprime à haute voix, l'énergie du verbe devient physique et le contact est facilité. Ces personnes sont probablement sourdes et aveugles face aux êtres spirituels qui cherchent à les aider, sinon elles seraient déjà passées à un plan supérieur de l'au-delà. D'autre part, parler à haute voix permet de rester plus facilement concentré.

« Pour cela, il est bon d'informer un "plan supérieur" que nous allons aider telle personne et que nous souhaitons être aidés, nous aussi, dans cette démarche. En quelque sorte, nous nous mettons à disposition d'un plan supérieur, pour transmettre dans un plan physique une énergie spirituelle : l'Amour universel.

« J'aime bien, pour visualiser cette démarche, utiliser la symbolique de "l'échelle de Jacob". Nous sommes sur terre, nous tenons le bas de l'échelle, les anges gardiens, informés au préalable, tiennent le haut, et ainsi le passage pour la personne à aider est facilité. »

Que dire à la personne que l'on souhaite aider ?

L'idée est de l'aider à prendre conscience qu'elle est décédée, mais que la situation dans laquelle elle se trouve n'a rien de définitif, qu'elle est transitoire et qu'un chemin existe pour aller vers la lumière. Informer la personne qu'elle est libre, qu'elle peut lâcher prise sur les liens qui la retiennent, que l'amour qu'elle a pour ses proches persistera et sera encore amplifié dans un autre plan.

Il faut être très libre dans ce que nous voulons dire, laisser une grande part à l'intuition. Il est certain que si nous faisons ce travail pour une personne inconnue, c'est moins aisé que pour un proche, pour lequel nous pouvons dénouer des liens, dire ce que nous aurions voulu lui dire de son vivant, demander pardon pour certaines choses que nous aurions faites, ou pardonner ce que l'autre aurait pu faire de malveillant à notre égard. Expliquer que nous nous occuperons de sa maison ou de ses proches, que la personne peut nous faire confiance pour régler les affaires qu'elle a laissées en plan, etc. Le tout avec beaucoup d'Amour...

Si vous n'avez pas réussi à cerner qui est la ou les personnes présentes, vous pouvez tout de même faire un travail d'aide pour la personne que vous ressentez proche de vous. Adressez-vous à elle comme à « la personne présente ». Cette personne vous entendra, soyez-en sûr.

Si vous avez lu ce livre, c'est que vous vous posez des questions sur la mort, sur la continuation de la vie dans l'au-delà. J'espère que cette lecture vous aura apporté quelques réponses et, j'en suis certain, soulèvera de nouvelles questions.

Les personnes qui décèdent avec la conscience de la continuation de la vie, donc de leur conscience et de leur libre arbitre, n'auront très certainement pas de difficultés pour poursuivre leur chemin vers la lumière après leur décès.

Le Peyrier-Haut,
Saint-Martin-de-Boubaux, Cévennes.
Février 2022-septembre 2023

BIBLIOGRAPHIE

Cette bibliographie ne reprend que certains livres de ma bibliothèque, qui m'ont accompagné et que je peux conseiller. Certains sont peut-être épuisés ou réédités en livre de poche.

Un nombre considérable de livres en anglais existe, la bibliographie publiée dans le livre du Dr Pim van Lommel est très complète pour les livres publiés avant 2011.

Alexander, Eben, *La Preuve du Paradis. Voyage d'un neurochirurgien dans l'après-vie*, Guy Trédaniel, 2013, traduction de Jocelin Morissson.

Basser, Lytta, *Cet au-delà qui nous fait signe*, Albin Michel, 2022.

Brune, François, *Les Morts nous parlent*, éditions du Félin, 1988.

Chautemps, Joëlle, *Manuel de géobiologie et magie de l'habitat. Harmonisez les énergies de votre maison*, éditions Favre, 2017.

Hennezel, Marie de, *La Mort intime. Ceux qui vont mourir nous apprennent à vivre*, coll. « Aider la vie », Robert Laffont, 1995.

Hennezel, Marie de, *Vivre avec l'invisible. Rêves, intuitions, anges gardiens... Notre relation avec l'invisible est essentielle*, Robert Laffont-Versilio, 2021.

Fauré, Christophe, *Cette vie… et au-delà. Enquête sur la continuité de la conscience après la mort*, Albin Michel, 2022.

Kolpaktchy, Grégoire, *Livre des morts des anciens Égyptiens*, Dervy-Livres, coll. « Mystiques et religions », 1979.

Kübler-Ross, Elizabeth, *La Mort, dernière étape de la croissance*, éditions du Rocher, 1987.

Kübler-Ross, Elizabeth, *La mort est un nouveau soleil*, éditions du Rocher, 1988.

Kübler-Ross, Elizabeth, *La Nostalgie de sa maison*, suivi de *Déployer les ailes de l'amour*, Le Courrier du livre, 1998.

Lama Kasi Dawa Samdup, *Bardo Tödol. Le Livre des morts tibétain. Les expériences d'après la mort dans le plan du Bardo*, Librairie d'Amérique et d'Orient, Adrien Maisonneuve, 1977.

Le Braz, Anatole, *La Légende de la mort*, éditions Au bord des continents, 2013, rééd. en 2019.

Moody, Raymond, *La Vie après la vie. Enquête à propos d'un phénomène : la survie de la conscience après la mort du corps*, coll. « Les énigmes de l'Univers », éditions Robert Laffont, 1978.

Prieur, Jean, *Le Livre des morts des Occidentaux*, coll. « Les portes de l'étrange », éditions Robert Laffont, 1981

Ritchie, George et Sherrill, Elizabeth, *Retour de l'au-delà*, préface de Raymond Moody, coll. « Les énigmes de l'Univers », éditions Robert Laffont, 1986 (épuisé, non réédité, à rechercher en bibliothèque ou d'occasion).

Sogyal Rinpoché, *Le Livre tibétain de la vie et de la mort. Avant-propos de sa sainteté le Dalaï-Lama*, Les éditions de La Table Ronde, 1993.

van Eersel, Patrice, *La Source noire. Révélations aux portes de la mort*, Bernard Grasset, 1986.
van Lommel, Pim, *Mort ou pas ? Les dernières découvertes médicales sur les EMI*, InterEditions, 2011 (épuisé, non réédité, à rechercher en bibliothèque ou d'occasion).
von Jankovich, Stefan, *La Mort, ma plus belle expérience*, éditions Au signal, 1988.
Conférence traduite en français : https://www.youtube.com/watch?v=8eFwfyU_9Jo

REMERCIEMENTS

Mes remerciements vont en priorité à toutes les personnes qui m'ont fait confiance dans mon activité professionnelle. C'est grâce à elles que je peux transmettre les témoignages que vous venez de lire.

Mes remerciements vont aussi à :

Mon épouse Monique, qui a su m'épauler, m'écouter, me conseiller, année après année, avec douceur et tolérance.

Mes amies, Christine Jouve et Gisberta Laharpe, qui, par leurs messages et leurs témoignages publiés dans ce livre, lui ont apporté un supplément d'âme.

Mon amie ostéopathe Emma Saussol, pour son soutien énergétique et pour sa préface inspirée, signée de son nom de plume.

Mon ancienne cliente, Patricia Serex, pour m'avoir orienté sur le rôle de Peyraube sans le savoir, il y a plus de trente ans, ainsi que pour sa première relecture précieuse.

Ma correctrice de talent, Anne-Sophie Hoareau, pour sa lecture, ses corrections et ses propositions subtiles.

Les Éditions Mama, pour avoir accepté d'intégrer ce livre dans leur catalogue. Je remercie particulièrement Michka, Tigrane, Daniela, Clémentine et Philippe, pour la qualité des relations et pour leur travail remarquable qui a permis à ce livre de naître.

Mes guides, et le druide de Peyraube, qui ont réussi à se faire comprendre, je pense, et grâce auxquels j'ai trouvé mon chemin.

À PROPOS DE L'AUTEUR

Pierre Halter est né dans la partie alémanique de la Suisse, au printemps, juste avant l'armistice de 1945. En été 1946, à la suite du décès de son père, sa mère rentre en Suisse Romande avec ses trois enfants. Très jeune, il entame une carrière dans des bureaux d'architectes, ce qui lui permet d'avoir de solides bases d'architecture et de constructions, expérience qui lui sera fort utile lors de sa reconversion professionnelle comme géobiologiste à 40 ans. Cette reconversion n'était pas programmée, les projets architecturaux dont il était responsable étaient passionnants. En douceur et avec le soutien de ses collègues, il a finalement bifurqué sur une autre voie, celle à laquelle son chemin de vie le destinait.

Pierre Halter s'est donc formé à la géobiologie dans le cadre de l'institut de recherches en géobiologie, fondé par Blanche Merz en 1968. Il a été co-responsable de cet institut durant les douze ans précédant sa retraite, avant la cessation d'activité de celui-ci deux ans plus tard.

Durant 25 ans de travail professionnel de géobiologiste, il a œuvré autant pour des particuliers, des agriculteurs, des vignerons que des entreprises et des bureaux, tant pour des conseils dans des lieux où une gêne était perçue que pour des conseils d'achat ou de location, ainsi que lors de projets de construction. Face aux perturbations énergétiques observées, il a toujours cherché à en identifier les causes profondes et à trouver des solutions pour les corriger à la source.

Au cours de ses 25 ans d'activité, il a constaté une augmentation significative des paramètres électromagnétiques, représentant une part croissante des phénomènes observés. En relation avec ces constats, il a donné des cours d'information aux électriciens faisant une formation complémentaire de contrôleur dans une école professionnelle.

Son expérience professionnelle dans la construction lui a permis de mettre en évidence l'importante relation entre l'architecture, la construction et la qualité énergétique des lieux.

Il est intervenu comme expert extérieur, pour des travaux de mémoire d'étudiants de l'École Polytechnique Fédérale de Lausanne.

Dans ce cadre, son caractère de chercheur lui a permis de piloter à deux reprises une recherche de relation architecture-géobiologie, dans des espaces proportionnés selon diverses règles.

Parmi toutes les causes rencontrées, il a rapidement été confronté à un aspect énergétique particulier dans certaines maisons, lié à la présence ressentie de personnes décédées, ayant gardé un lien avec le plan physique.

Sa sensibilité particulière, ne lui permettant pas d'occulter cet aspect, il a dû aborder ce sujet avec ses clients et envisager un travail d'aide. Il lui a paru important que, pour cet accompagnement, les personnes concernées soient impliquées autant que possible, ce qui s'est avéré très positif, et a orienté toute sa démarche. C'est ainsi qu'une part non négligeable de son travail a consisté à comprendre ces phénomènes, à accompagner ses clients pour les orienter vers une aide à apporter aux personnes décédées.

À la retraite, en Cévennes, cette approche s'est poursuivie, particulièrement sur un lieu celte dont une des fonctions était justement d'accompagner les défunts sur le chemin de la lumière. Le rôle de ce lieu lui est apparu au cours de nombreuses années de recherche sur place, à proximité de son domicile.

Il accompagne régulièrement des personnes dans cette démarche.

Ces dernières années, il a réalisé le projet de publier un livre de témoignages, centré sur cette aide que l'on peut offrir aux personnes décédées, qui ne trouvent pas le chemin de la lumière. Ce projet trouve son aboutissement grâce aux éditions Mama qui publient *Les morts ont parfois besoin d'aide et ça nous fait du bien de les aider.*

TABLE DES MATIÈRES

COLLECTION TÉMOIGNAGES
DES PARCOURS AUX FRONTIÈRES DE L'EXTRAORDINAIRE

Jusqu'à la mort et au-delà
Du trauma de la perte à la paix retrouvée
Angélique Bannwarth

Un témoignage d'une grande force qui prouve que rien ne s'arrête, que tout est juste et que les âmes répondent à notre appel.

Confessions d'une sorcière
Le soin énergétique en pratique
Magali Le Monnier de Gouville et Daniel Beltrami

Comment découvrir et apprivoiser des pouvoirs extraordinaires.

Flic guérisseur
Robert Martin

« Tu devrais écrire ton histoire ! » lui a-t-on maintes fois répété. Il faut dire que la vie du commandant de police Robert Martin sort de l'ordinaire : enquêtes médiatisées et soins mystérieux alternent dans un monde où tout semble possible.

Rendre l'âme
Flore Lestrade
(Préface de Peggy Reboul)

Un récit intime qui offre une vision lumineuse de la mort pour nous aider à aborder plus sereinement et en conscience ce moment d'initiation.

Briser l'armure

Du GHB à la pleine Présence
Aurélie Croiziers de Lacvivier
(Préface de Lucile Bellan)

Aurélie Croiziers de Lacvivier réside à Shanghai lorsqu'elle subit une agression doublée d'amnésie puis un viol qui bouleversent sa vie. Cette expérience douloureuse est le point de départ d'un chemin de découverte et de résilience qui l'emmène vers la lumière.

Sur la voie de la Déesse

Une initiation au véritable tantrisme du Bengale
Aurore Gauer
(Préface du Dr Jacques Vigne)

Une immersion profonde et émouvante dans l'expérience tantrique de l'Inde du Nord.

Vingt ans auprès des Navajos

Hózhó, mon chemin sur la voie de la beauté
Lorenza Garcia
(Préface de Sylvie Crossman,
Postface de Jean-Pierre Barou)

« Marcher dans la beauté », c'est être conscient que tout est relié, au-delà des sens.

Le yoga m'a sauvée

La quête existentielle d'une pilote de ligne
Isabelle Bacquenois

Entre terre et ciel, le récit palpitant d'une aventurière repoussant ses limites pour atteindre la paix.

De l'urgence à la conscience

Quand la médecine rejoint la spiritualité

Dr Sophie Mainguy-Besnier

(Préface du Dr Thierry Janssen)

Pour la Dr Sophie Mainguy-Besnier, vivre sa propre maladie est une voie d'éveil qui va révolutionner sa vision de la médecine et du monde.

La petite fille qui fit mourir la mort

Emma Mira

Un témoignage formidablement inspiré, qui montre que l'on peut dépasser la douleur causée par la perte d'un enfant et accéder à la joie.

La guérison est un chemin vers soi

Caroline Fualdès

Un parcours de guérison novateur, aux portes de l'invisible.

Mon cancer, quelle chance !

Adeline Pasteur

Lorsque Adeline découvre qu'elle a un cancer, son monde s'écroule. Pourtant, avec le recul, une fois sortie de cette « aventure », elle affirme que le cancer est la meilleure chose qui lui soit arrivée.

Une vie en quête de sens

Ervin Laszlo
(Préface de Laurence de La Baume,
Postface de Stanislav Grof)

Dans cet ouvrage, Ervin Laszlo revient sur l'histoire de sa vie et les changements fondamentaux qui l'ont jalonnée, entre musique, recherche universitaire et activisme mondial.

Autobiographie d'une chamane française

Brigitte Pietrzak
(Préface d'Aurélie Godefroy)

Brigitte Pietrzak révèle ici son parcours intime et personnel, des premières étapes de son cheminement spirituel jusqu'à la découverte de ses dons de chamane en Mongolie.

De l'hôpital Sainte-Anne aux rives du Gange

Journal d'une guérison de l'âme
Marie de la Tour
(Préface du Dr Jacques Vigne)

Quel rapport y a-t-il entre l'hôpital Sainte-Anne à Paris et les rives du Gange ? Entre ces lieux emblématiques, s'articule le chemin initiatique de Marie de la Tour.

Un long voyage

Une autobiographie spirituelle
Guido Ferrari
(Préface d'Ervin Laszlo)

Un parcours de vie riche d'explorations et de rencontres avec certains des plus grands maîtres spirituels.

Nourritures célestes

L'éveil d'un pionnier de la restauration
Alain Cojean
(Préface d'Alexandre Mars, Postface d'Henry Vignaud)

Un entrepreneur visionnaire raconte sans tabou son aventure professionnelle hors norme, son ouverture à la spiritualité et sa découverte de la communication avec l'au-delà.

Les Couches de l'oignon

Du traumatisme à la résilience, un chemin spirituel
Célia Rombaut
(Préface d'Agnès Stevenin)

Dans ce témoignage intime et sensible sur les conséquences psychiques des viols qu'elle a subis dans un réseau pédophile, Célia Rombaut, devenue thérapeute, nous emmène sur le chemin de sa reconstruction, couche par couche.

Ma peau d'un autre monde

Voyage initiatique en terres aborigènes
Vanessa Escalante

Une plongée dans les secrets de la plus ancienne culture du monde, au fil d'un témoignage intime et immersif.

La grande dame du cannabis se dévoile

Michka
(Préface de Catherine Deneuve)

Une guerrière pacifique – un récit kaléidoscopique qui, subtilement, fait du bien.

[re]vivre

Mon expérience de mort imminente en Irak
Natalie Sudman

Toute fin est un commencement.
Le récit d'une époustouflante plongée dans l'au-delà.

Dans le silence de l'amour

Agnès Stevenin

Plus qu'un témoignage intime, ce troisième volet autobiographique d'Agnès Stevenin est une transmission qui agit par les mots, mais aussi par l'énergie vibratoire qu'elle diffuse. L'autrice nous accompagne dans la pacification de notre être, grâce à sa familiarité avec une autre réalité.

Splendeur des âmes blessées

Libération
Agnès Stevenin
(Préface de Stéphane Allix)

Après la révélation de son livre *De la douleur à la douceur*, Agnès Stevenin signe un nouveau témoignage qui nous dévoile un univers aussi mystérieux que bienfaisant.

De la douleur à la douceur

Transmutation
Agnès Stevenin

Comment passer de la souffrance à la paix ? L'inspirant parcours d'une guérisseuse hors pair nous ouvre les portes d'une autre perception.

Une psy parle aux esprits

Martine Gercault
(Préface de Stanislav Grof,
Postface de Sandra Ingerman)

Découvrir de nouvelles voies d'accès à l'inconscient pour évoluer vers le plaisir d'être.

Lorsque j'étais quelqu'un d'autre

Stéphane Allix

Partir à la découverte de soi-même peut mener sur d'étranges chemins. Pour se ressourcer et faire le point sur sa vie, Stéphane Allix entame une retraite en forêt. Il ignore qu'il va se confronter à l'impensable.

De la main gauche

Une autobiographie
Livres 1, 2 & 3
Michka

Ce récit éminemment féminin, audacieux et captivant, qui traite des drogues et du sexe sans aucun tabou, nous fait découvrir un parcours débordant de vie. Une stimulante philosophie de l'existence.

De l'ombre à la lumière

Voyages d'un guérisseur chez les chamanes
Metsa (Préface de Jan Kounen)

Ayant découvert le chamanisme à la suite d'une expérience de mort imminente, François Demange, alias Metsa, nous livre le récit captivant d'une initiation hors du commun. Adopté comme apprenti par des guérisseurs reconnus en Amazonie et en Amérique du Nord, ce Français s'immerge dans ces cultures traditionnelles et devient chamane.

Carnets de voyages intérieurs

Ayahuasca medicina, un manuel

Jan Kounen (Préface d'Alejandro Jodorowsky)

Cinéaste frappadingue et infatigable explorateur de la psyché, Jan Kounen nous livre les différentes facettes de sa personnalité hors norme dans ces carnets intimes, sincères et téméraires, doublés du premier guide d'approche de la médecine traditionnelle de l'ayahuasca en Amazonie.

Mr Nice

Une autobiographie

ÉDITIONS COLLECTOR & POCHE

Howard Marks

Recherché par toutes les polices, puis star internationale, Howard Marks, le contrebandier de hasch devenu héros d'un film, raconte. Confessions d'un trafiquant de légende.

Première édition originale, premier tirage
Illustration de couverture d'après *Dante et Béatrice au Paradis*,
gravure de Gustave Doré réalisée en 1850 représentant
le « Chant XXXI » dans *La Divine Comédie* de Dante Alighieri.
Conception graphique : Philippe Fourquet
Contact : support@mamaeditions.com

Achevé d'imprimer en janvier 2025
sur les presses de Laballery (France)
pour le compte de Mama Éditions
Numéro d'impression : 501038

ISBN 978-2-84594-792-4 / 01
Dépôt légal février 2025
39-9140-6

PAPIER À BASE DE FIBRES CERTIFIÉES

hachette PRATIQUE s'engage pour l'environnement en réduisant l'empreinte carbone de ses livres.
Celle de cet exemplaire est de :
500 g éq. CO_2
Rendez-vous sur www.hachette-durable.fr